基本养老保险对中国城镇
居民消费的影响研究

朱波　著

中国财经出版传媒集团

经济科学出版社
Economic Science Press

图书在版编目（CIP）数据

基本养老保险对中国城镇居民消费的影响研究/朱波著． －－北京：经济科学出版社，2022. 12
ISBN 978 － 7 － 5218 － 4437 － 5

Ⅰ. ①基…　Ⅱ. ①朱…　Ⅲ. ①养老保险制度 – 研究 – 中国 ②城镇 – 居民消费 – 行为 – 研究 – 中国　Ⅳ. ①F842. 612 ②F126. 1

中国国家版本馆 CIP 数据核字（2023）第 012314 号

责任编辑：张若丹　　　责任校对：李　建
责任印制：邱　天　　　封面设计：孙俪铭

基本养老保险对中国城镇居民消费的影响研究
朱　波　著
经济科学出版社出版、发行　新华书店经销
社址：北京市海淀区阜成路甲 28 号　邮编：100142
总编部电话：010-88191217　发行部电话：010-88191522
网址：www. esp. com. cn
电子邮箱：esp@ esp. com. cn
天猫网店：经济科学出版社旗舰店
网址：http://jjkxcbs. tmall. com
固安华明印业有限公司印装
880mm × 1230mm　32 开　6. 5 印张　170000 字
2023 年 6 月第 1 版　2023 年 6 月第 1 次印刷
ISBN 978 － 7 － 5218 － 4437 － 5　定价：28. 00 元
（图书出现印装问题，本社负责调换。电话：010 － 88191545）
（版权所有　侵权必究　打击盗版　举报热线：010 － 88191661
QQ：2242791300　营销中心电话：010 － 88191537
电子邮箱：dbts@ esp. com. cn）

本书得到教育部人文社会科学研究青年基金项目（18YJC790242）资金资助

前言

　　居民消费，可以说是宏观经济学中研究最广泛、最深入、最持久的主题之一。总消费无疑是政策制定者重要考虑变量之一。近年来，我国居民储蓄率居高不下，严重制约了经济的健康持续发展。2020 年 4 月 10 日，在中央财经委员会第七次会议上，习近平总书记强调要构建以国内大循环为主体、国内国际双循环相互促进的新发展格局。消费作为最终需求，在双循环新发展格局下，扩大消费更是成为重大战略任务，成为国家调整经济结构、促进经济可持续发展的重要举措。有效扩大消费需求，关键在于对居民的消费行为和储蓄动机进行深入研究。养老是居民的主要储蓄动机之一，这一观点基本上得到了社会研究机构和学术界的一致认可。养老保险制度是关系居民收入、老年生活的一项基本保障制度，理论上与居民消费问题密切相关。然而，自费尔德斯坦（1974）研究该问题以来，学术界发表了数以百计相关的论文，养老保险对居民消费和资本积累的影响仍无定论。有的学者甚至认为现收现付制养老保险日益成为一个"庞氏骗局"。

　　从我国情况来看，近些年国家 GDP 强劲增长，养老保障也日趋完善，然而居民储蓄率不降反升。因此，有必要深入研究养老保险对我国居民消费的影响问题。本书结合我国实际，分别从数理经济学和计量经济学两个角度研究养老保险对我国居民消费的影响。理论分析部分，充分考虑现有消费理论的特点及养老保险影响居民消费的机制，分别在局部均衡和一般均衡理论框架下构建消费决定数理模型，包括消费动态路径和消费函数。其中，局部均衡模型中，综合考虑养老保险变量、人口特征变量、预防性储蓄动机、内部习惯形成和流动性约束等因素；一般均衡模型中，进一步考虑消费外部性和养老保险人力资本效应等。本书构建的数理模型，不仅更具有代表性，而且实现了个体消费决定模型和宏观经济增长模型的合理融合。为了验证理论模型的合理性，本书采用1994—2020年我国省际面板数据和中国健康与养老追踪调查数据（CHARLS）分别从宏观角度和微观角度对其进行验证分析。在宏观数据模型中，选择养老保险覆盖率、养老保险替代率和养老保险贡献率等指标，更全面反映我国养老保险制度的发展水平。在微观数据模型中，分别从居民养老依靠和工作单位类型两个层面构造虚拟变量，也充分体现我国养老保险多轨制运行的特点。在实证分析过程中，围绕模型形式和数据特点，合理采用一些较为前沿的计量经济分析方法，如面板数据模型分析过程中采用面板数据冗余变量检验、内生性检验及广义矩估计等方法；微观数据模型分析过程中采用冗余变量检验、异方差检验、内生性检验及可行的广义最小二乘估计等方法。不管是省际面板数据还是微观调查数据，实证结果都表明：养老保险对我国居民消费存在显著正影响。从宏观角度来看，养老保险覆盖率、养老保险替代率和养老保险贡献率与居民消费都呈现正相关关系。其中，养老保险覆盖率和养老保险替代率的反向发展使养老保险对居民消费的拉动作用出现一定程度上的内部抵消。由于养老保险缴费比例是固定的，养老保险贡献率的差异就必然体现了财政补贴的差异。因此，提高养老保险替代率、增加政府财政补贴都将有助于增强养老保险对居民消费的拉动效应。从微观角度来看，在相同条件下，依靠养老金、退休金养老人群的家庭生活支出水平高于其他人群，企业、政府事业单位工作人员的家庭生活支出水平高于其他人群。此外，本书还得到一些重要结论：①预防性储蓄、内外部习惯形成和流动性约束等消费理论的综合应用，有助于解释我国城镇居民消费的过度平滑和过度敏感现象；②人口老龄化对居民消费存在双向影响，一方面迫使家庭增加子女教育支出和老人医疗支出，增加了居民消费，另一方面增加了居民的养老负担和预防性储蓄动机，抑制了居民消费；③相同条件下，政府事业单位工作人员比企业工作人员的生活支出水平更低。基于研究结论，本书认为扩大居民消费需求不仅要完善养老保险制度，还要健全收入增长机制，降低居民对收入不确定性的预期；调整人口发展政策，降低居民对支出不确定性的预期。

　　本书是在教育部人文社会科学研究青年基金项目（18YJC790242）研究基础上对博士学位论文的进一步完善。宋自茹、田思琪、王晓芳等参加了数据收集整理工作。另外，山西财经大学的杭斌教授、李宝瑜教授等也为课题研究和本书写作提供了很多指导和帮助，在此一并致谢。

朱波
2022 年 10 月

目录

第1章 导论

扩大内需、人口老龄化是我国经济发展面临的两个重要问题，养老保险制度与这两个问题都密切相关。本章主要介绍研究基本养老保险影响我国城镇居民消费问题的背景与意义、研究方法与基本思路，及主要内容和创新之处，并呈现全书的框架构成。

1.1 研究背景与意义

1.1.1 研究背景

目前，我国的高储蓄现象已备受人们关注。我国居民最终消费支出占国内生产总值（GDP）的比例（以下简称"居民消费率"）从1990年的49.74%逐渐下降到2020年的37.74%①，年均下降0.4个百分点。根据世界银行提供的各国经济数据可知，2019年我国人均GDP为10 155.41美元（2010年不变价美元），居民消费率为40.49%，世界各国居民消费率的平均水平为56.86%，其中，人均GDP在3 000美元以下国家的平均水平为75.50%；人均GDP在

————————

① 根据历年《中国统计年鉴》数据整理而得。

3 000~5 000 美元国家的平均水平为 69.15%；人均 GDP 在 5 000~
10 000 美元国家的平均水平为 64.30%；人均 GDP 在 10 000~
20 000 美元国家的平均水平为 58.04%；人均 GDP 在 20 000~
40 000 美元国家的平均水平为 53.46%；人均 GDP 在 40 000 美元以
上国家的平均水平为 48.94%（见表 1.1）。可见，我国的确是一个
高储蓄国家。

表 1.1　　2019 年我国居民消费率与世界平均水平比较

范围	人均 GDP（2010 年不变价美元）	居民消费率（%）	国家数（个）
世界	11 012.36	56.86	
其中：	3 000 以下	75.50	42
	3 000~5 000	69.15	26
	5 000~10 000	64.30	22
	10 000~20 000	58.04	22
	20 000~40 000	53.46	16
	40 000 以上	48.94	23
中国	10 155.41	40.49	

资料来源：http://www.worldbank.org.cn/。

过高的储蓄率导致经济发展过度依赖出口和投资，而这种失衡
的经济体制目前已严重制约我国经济的健康持续发展。近年来，世
界经济下行压力加大，我国进出口面临的外部环境趋紧，国内需求
成为稳定预期、应对外部环境挑战、实现高质量发展的稳定器。

2017 年 10 月 18 日，习近平在中国共产党第十九次全国代表大
会上作报告，要求完善促进消费体制机制，增强消费对经济发展的
基础性作用。2020 年 4 月 10 日，在中央财经委员会第七次会议上，
习近平总书记强调要构建以国内大循环为主体、国内国际双循环相
互促进的新发展格局。消费作为最终需求，在双循环新发展格局
下，扩大消费更是成为重大战略任务。2020 年 10 月 30 日，国家发
改委等 14 部门印发《近期扩内需促消费的工作方案》，提出 19 条

举措扩大内需、促进消费，推动经济供需循环畅通。2021 年 3 月，十三届全国人大四次会议通过的《中华人民共和国国民经济和社会发展第十四个五年规划和 2035 年远景目标纲要》提出，深入实施扩大内需战略，增强消费对经济发展的基础性作用。可见，扩大居民消费需求在未来一段时间内是国家调整经济结构、促进经济可持续发展的重要举措。

此外，人口老龄化也是我国面临的巨大社会、经济挑战。我国人口出生率从 1990 年的 21.06‰逐渐下降到 2020 年的 8.52‰，年均下降 0.42 个千分点；65 岁及以上人口占总人口比重从 1990 年的 5.57%逐渐上升到 2020 年的 13.50%，年均增加 0.26 个百分点。根据联合国发布的《世界人口展望（2019 年修订版）》，我国 65 岁及以上人口占总人口比例到 2030 年和 2050 年预计分别达到 16.87%与 26.07%[①]（见图 1.1）。老龄化进程的逐步加快，使我国人口红利面临消失的可能，这不仅将增加经济增长率的下行压力，还会导致全社会边际消费倾向下降、不确定性预期上升，进而影响到居民储蓄率。

养老保险制度和居民消费、人口老龄化问题密切相关。AC 尼尔森于 2010 年 11 月发布了《中国高储蓄率成因剖析》，指出医疗和退休后的预防性储蓄是中国高储蓄率的一个重要原因。杨继军、张二震（2013）认为市场经济改革以来居民面对的风险因素增多，养老、教育、防病、防失业等预防性动机推高了我国居民的储蓄率。2018 年 11 月，清华大学和同方全球人寿联合发布的《2018 中国居民退休准备指数调研报告》显示，2018 年有 48%的居民将储蓄作为最主要的退休收入来源。2021 年 9 月 22 日，中国养老金融 50 人论坛发布的《中国养老金融调查报告（2021）》提到，银行存

---

① 数据由联合国经济和社会事务部网站在线数据整理而得，https://population.un.org/wpp/。

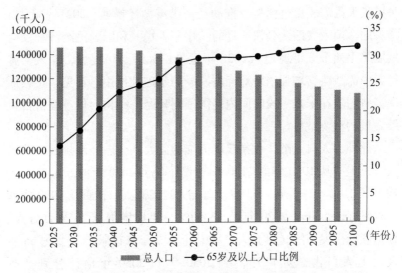

图 1.1　世界人口展望：中国人口老龄化趋势

款是调查对象进行养老财富储备的主要偏好。2021 年 11 月 10 日，同方全球人寿在 2021 卓越竞争力金融峰会上发布的《中国居民退休准备指数调研报告》强调，社会养老保险、个人储蓄和商业养老金是居民预期的主要退休收入来源。可见，养老是居民主要储蓄动机这一观点基本上得到社会研究机构和学术界的一致认可。人口老龄化，不仅会影响居民储蓄率，还会使我国基本养老保险的财务可持续性问题日趋突出，而养老保险制度也会通过改变居民养老依赖模式而影响到人口出生率和人口老龄化程度。因此，研究我国高储蓄问题，就必须要研究养老保险对我国居民消费的影响问题。

　　按理说，养老保险解决了人们的后顾之忧，人们在年轻时会增加消费。然而自费尔德斯坦（Feldstein，1974）研究该问题以来，学术界发表了数以百计相关的论文，养老保险对储蓄和资本积累的影响仍然是学术界争论不休的问题。就像周小川（2009）所说的那样，社保体系不完善导致储蓄率高的观点在逻辑上正确，但并无太多实证支持，且该观点以理性人为假定，认为社保体系不健全时，

人们会通过增加储蓄预防未来医疗、养老等需求，但实际上不一定
成立。目前，伴随着各国老龄化，有的学者甚至认为现收现付
（pay-as-you-go，PAYG）的养老保险制度日益成为一个"庞氏骗
局"（Aydede，2007）。

自 20 世纪 90 年代中期我国实行"统账结合"的养老保险制度
起，养老保险覆盖范围逐年扩大。截至 2020 年底，参保的在职职
工已达到 32 859 万人，是 2000 年参保人数的 3.15 倍，年均增长
5.90%；参保的离退休人数已达到 12 762 万人，是 2000 年的 4.03
倍，年均增长 7.21%；参保总人数占城镇人口的比重为 50.58%，
较 2000 年增加 20.91 个百分点，年均增加 1.05 个百分点。与此同
时，我国人均 GDP 从 2000 年的 7 942 元逐渐增长到 2020 年 71 828
元，年均增长 8.08%。根据预期理论，一个国家 GDP 强劲增长和
社会保障日趋完善的同时，将经历储蓄率的下降，其原因是人们对
于未来的收入有更好的预期（尼尔森，2010）。然而，我国的实际
情况似乎与此理论不相符，我国城镇居民家庭储蓄率①从 2000 年的
19.65% 逐渐上升到 2020 年的 38.39%，始终保持在高位。因此，我
国现行的养老保险制度能否降低居民储蓄率，还有待于深入研究②。

1.1.2 研究意义

扩大内需、人口老龄化是我国经济发展面临的两个重要问题，
养老保险制度与这两个问题密切相关。因此，深入研究养老保险制
度对我国居民消费的影响，有着重要的理论和现实意义。

首先，有效扩大消费需求，关键是对居民的消费行为和储蓄动
机进行深入研究。目前，预防性储蓄、内外部习惯形成及流动性约

① 城镇居民家庭储蓄率 =（家庭人均可支配收入 - 家庭人均生活消费支出）/家庭
人均可支配收入 ×100%
② 养老保险和居民储蓄数据都由历年《中国统计年鉴》数据整理而得。

束等前沿消费理论已被广泛用于我国居民消费行为的研究。然而，每个消费理论都有其优缺点，也仅能解释部分消费现象。本书综合考虑预防性储蓄、内外部习惯形成和流动性约束等消费理论，分别在局部均衡和一般均衡研究框架下构建更具代表性的消费决定模型，研究成果将有助于完善现有的社会保障理论和消费理论，也有助于更全面理解我国居民的消费行为。

其次，养老保险对居民消费的影响机制较为复杂，影响程度也尚无定论。本书在系统梳理养老保险影响居民消费机制的基础上将养老保险引入消费决定模型，并采用我国省际面板数据和中国健康与养老追踪调查数据（CHARLS）分别从宏观和微观角度对其进行实证分析，不仅验证了理论模型的合理性，还证实养老保险有助于扩大居民消费需求。因此，研究结论有助于支撑"通过完善养老保险制度来扩大居民消费需求"这一政策举措。

最后，我国目前的养老保险制度还不够完善，在扩大居民消费需求方面存在许多不足。本书构建的消费决定模型包括人口特征变量、预防性储蓄、内外部习惯形成和流动性约束等。养老保险对居民消费的影响机制除了财富替代效应和引致退休效应外，还包括风险规避效应、人口效应和人力资本效应等。因此，本书实现了完善养老保险制度和扩大居民消费需求的理论对接，提出的政策建议更具有针对性和实践价值。

1.2　研究方法与基本思路

1.2.1　研究方法

城镇职工基本养老保险是我国社会保障制度最重要的内容之一，起步于 20 世纪 50 年代初，已经成为覆盖范围最广、影响最大、涉及人口最多的养老保险制度。本书采用理论分析和实证分析相结合的方法，研究基本养老保险对我国城镇居民消费的影响。具体研究方法包括：

（1）以数理分析为基础。绝对收入假说、持久收入/生命周期假说、预防性储蓄、内外部习惯形成及流动性约束等消费理论为研究养老保险影响居民消费问题提供了丰富的理论基础。理论分析部分，分别从局部均衡和一般均衡角度构建数理模型分析养老保险对居民消费的影响机制。局部均衡框架下，构建了包含人口特征、不确定性、内部习惯形成和流动性约束等影响因素的消费决定模型。一般均衡框架下，充分考虑养老保险、居民消费与经济增长的相互影响机制，将外部习惯形成和教育支出进一步加入消费决定模型中，分析过程循序渐进，构建的理论模型更具有代表性。

（2）以实证分析为主体。为了证明理论模型的合理性，本书采用我国省际面板数据和中国健康与养老追踪调查数据分别从宏观和微观角度对其进行验证分析。实证过程中，围绕模型形式和数据特点，有选择地采用较为前沿的计量经济分析方法，如面板数据模型分析过程中采用面板数据单位根检验、协整检验、冗余变量检验、内生性检验及广义矩估计（GMM）等方法；微观数据模型分析过程中采用冗余变量检验、异方差检验、内生性检验及可行的广义最小二乘估计（FGLS）等方法。

1.2.2　基本思路

本书的基本思路是：第一，对养老保险制度影响居民消费问题的理论和相关文献进行系统的介绍，在分析各个消费理论优缺点的基础上提出理论模型构建的基本思路；第二，基于生命周期赤字理论对我国城镇居民消费情况进行描述性分析，分析其分布特征及对居民消费理论的支撑程度；第三，对我国养老保险制度实施现状进行描述性分析，分析其制度特征及对居民消费的影响机制；第四，设定数理经济模型，将人口特征、养老保险、不确定性、消费习惯、流动性约束等因素逐步加入消费决定模型，同时，又将模型扩展到一般均衡分析框架，更全面地分析养老保险对居民消费的影响机制；第五，选取我国省际面板数据和 CHARLS 微观调查数据分别从宏观、微观两个角度对理论模型进行实证分析；第六，阐述主要研究结论，并提出相关政策建议。具体的研究路线如图 1.2 所示。

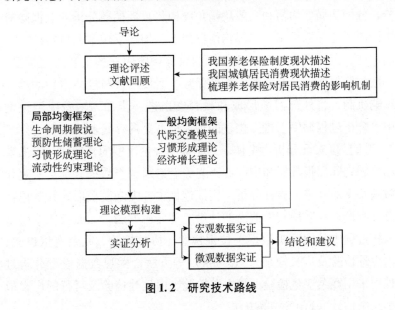

图 1.2 研究技术路线

1.3 主要内容和创新之处

1.3.1 主要内容

本书的研究内容如下：

第 1 章，导论。本章首先给出本书的研究背景和意义，其次说明研究方法和基本思路，最后是本书的主要内容和创新之处。

第 2 章，养老保险制度影响居民消费的理论与文献评述。学术界研究养老保险影响居民消费问题，基本上都是基于生命周期假说、代际交叠、预防性储蓄或习惯形成等消费理论。本章对这些消费理论进行系统的介绍，并对每个理论背景下研究养老保险影响居民消费问题的文献进行评述。

第 3 章，我国城镇居民消费现状分析。本章分析我国城镇居民的消费水平、消费倾向和生命周期消费曲线，直观呈现城镇居民的消费行为和高储蓄现象，为居民消费理论选择提供数据支撑。

第 4 章，我国养老保险制度现状及对居民消费的作用机制。本章首先对我国养老保险制度实施情况进行现状描述，对养老保险影响居民消费路径进行系统的梳理，并从扩大居民消费角度分析我国现行养老保险制度存在的问题。

第 5 章，养老保险制度影响我国居民消费的数理分析。本章分别从局部均衡和一般均衡角度分析养老保险制度对居民消费的影响机制。局部均衡角度，将人口特征、养老保险、不确定性、消费习惯及流动性约束等因素逐步引入消费决定模型。一般均衡角度，将外部习惯形成、教育支出等因素引入消费决定模型。

第 6 章，养老保险影响居民消费的宏观数据实证分析。本章基于我国 1994—2020 年省际面板数据对构建的消费理论模型从宏观角度进行实证研究。对于养老保险问题，主要选择养老保险覆盖率、养老保险贡献率和养老保险替代率三个变量进行分析。

第 7 章，养老保险影响居民消费的微观数据实证分析。本章基于中国健康与养老追踪调查数据（CHARLS）对构建的消费理论模型从微观角度进行实证研究。对于养老保险问题，主要根据居民对未来养老依靠的预期及工作单位类型构建虚拟变量。

第 8 章，研究结论、政策建议和展望。归纳全书实证部分分析得出的主要结论，并提出相应的政策建议和研究展望。

1.3.2 创新之处

1. 理论创新

（1）将人口特征、养老保险、习惯形成、预防性储蓄、流动性约束等纳入消费者跨期最优化分析框架，通过放松假设条件以及近似化处理，在选用 CRRA 效用函数基础上得到更具代表性的消费动态路径和消费函数。

（2）基于影响路径将养老保险加入消费决定模型。根据理论分析，养老保险将通过影响人力财富和人口统计量两个途径影响居民消费，反映到消费决定模型中，必然体现为养老保险变量及与其他变量的交互乘积影响着居民消费行为。

（3）在一般均衡分析框架中，充分考虑消费行为外部性、养老保险人力资本效应，构建了个体消费行为与社会资本决定模型的联立系统，将个体消费决定模型和宏观经济增长模型进行合理融合，也进一步协调了宏观经济和微观经济的理论研究。

2. 研究方法创新

（1）采用数据模拟方法对理论模型进行验证。分别在生命周期假说、预防性储蓄及习惯形成等理论框架下，对构造的消费决定模型进行参数赋值，并模拟出消费路径，都显示出参加养老保险消费者的消费路径更加平滑。

（2）分别采用宏观数据和微观调查数据对理论模型进行验证。通过对消费理论模型多处使用泰勒级数展开式和其他近似处理办法，构建易于实证的计量经济模型。现有的消费理论对居民消费的解释力在宏观数据和微观数据应用中往往表现迥异，本书采用我国省际面板数据和 CHARLS 微观调查数据分别从宏观和微观角度对理论模型进行验证，得出的结论更具说服力。在微观数据模型中，分别从养老依靠和工作单位类型两个层面构造虚拟变量，也进一步考虑了我国养老保险多轨制运行的特点。

第 2 章　养老保险制度影响居民消费的理论与文献评述

自费尔德斯坦（1974）研究养老保险制度影响居民消费问题以来，学术界对此进行了广泛的研究，但基本上都是基于生命周期假说、代际交叠、预防性储蓄或习惯形成等消费理论。本章对各个消费理论及该理论下研究养老保险影响居民消费问题的相关文献进行相对系统的介绍。

2.1　生命周期假说、养老保险与居民消费

2.1.1　生命周期假说

生命周期假说（life-cycle hypothesis，LCH），最早是由美国学者莫迪利安尼（Modigliani）和布伦伯格（Brumberg）在 1954 年发表的《效用分析与消费函数：对横截面数据的一个解释》一文中提出。随后，1963 年莫迪利安尼和安多（Ando）又发表了《储蓄的生命周期假说：总量含义和检验》一文，对生命周期假说做了进一步的补充和发展。生命周期假说假定：①消费者是理性的，并根据效用最大化原则将一生的总资源在生命周期各个阶段做最优分配；②消费品的价格在生命周期内不发生变化。消费者在 t 时刻的跨期

选择问题可表述为:

$$\max U_t = U(c_t, c_{t+1}, \cdots, c_L, c_{L+1})$$ (2.1)

$$s.t. \ a_t + \sum_{\tau=t}^{N} \frac{y_\tau}{(1+r)^{\tau+1-t}} = \frac{a_{L+1}}{(1+r)^{L+1-t}} + \sum_{\tau=t}^{L} \frac{c_\tau}{(1+r)^{\tau+1-t}}$$ (2.2)

其中, y_t、c_t 分别表示消费者在 t 期的收入和消费; a_t 表示 t 期期初资产; N 表示退休年龄; L 表示寿命; r 表示利率。根据式 (2.1) 和式 (2.2) 可构造拉格朗日函数,并根据极值条件可得:

$$\begin{cases} \dfrac{\partial U}{\partial c_\tau} = \dfrac{\lambda}{(1+r)^{\tau+1-t}} & \tau = t, t+1, \cdots, L \\[3mm] \dfrac{\partial U}{\partial a_{L+1}} = \dfrac{\lambda}{(1+r)^{L+1-t}} \end{cases}$$ (2.3)

其中, λ 代表拉格朗日乘数。

在推导消费函数具体形式时,莫迪利安尼做了以下两个假定:①没有遗产继承,即 $a_1 = a_{L+1} = 0$;②效用函数关于变量 c_τ 是齐次的。则当利率为 0 时,目前及未来计划的消费水平可以表示如下:

$$\bar{c}_\tau = \gamma_\tau^t [y_t + (N-t) y_t^e + a_t]$$ (2.4)

其中, $y_t^e = \sum_{\tau=t+1}^{N} y_\tau / (N-t)$,表示预期今后每年可获得可支配收入的均值,也可以理解为持久收入[①]; γ_τ^t 取决于效用函数的形式和利率水平。

为了得到更具代表性的总的消费函数,莫迪利安尼和安多 (1963) 假定同一年龄组消费者的消费行为是一致的, t 时刻年龄为 T 的消费者的消费函数为:

$$c_t^T = \Omega_t^T y_t^T + \Omega_t^T (N-T) y_t^{eT} + \Omega_t^T a_{t-1}^T$$ (2.5)

---

① 持久收入假说和生命周期假说这两个理论非常接近,生命周期假说视消费由消费者一生的资源价值决定,而持久收入假说视消费由预期的持久收入决定。

其中，$y_t^{eT} = \dfrac{1}{N-T} \displaystyle\sum_{\tau=T+1}^{N} \dfrac{y_t^{eT\tau}}{(1+r_t)^{\tau-T}}$；$\Omega_t^T$ 对于同一年龄组的人来说都是一致的，主要取决于效用函数、利率及年龄。因此，对于同一年龄 T 的消费者来说，消费函数可以表示为：

$$C_t^T = \Omega_t^T Y_t^T + \Omega_t^T (N-T) Y_t^{eT} + \Omega_t^T A_{t-1}^T \qquad (2.6)$$

对所有消费者来说，有总的消费函数：

$$C_t = \alpha_1' Y_t + \alpha_2' Y_t^e + \alpha_3' A_{t-1} \qquad (2.7)$$

可见，在生命周期假说下，消费者的支出水平不仅取决于当期收入，还取决于持久收入。

2.1.2 基于生命周期假说研究养老保险和居民消费的文献综述

较早基于生命周期假说对养老保险影响居民消费问题进行理论和实证研究的学者是费尔德斯坦。费尔德斯坦（1974）认为生命周期假说提供了分析养老保险影响居民消费问题的合适框架。他认为，养老金对储蓄的影响主要体现在两个方面：①财富替代效应（asset substitution effect），养老金替代家庭资产进而降低储蓄；②引致退休效应（induced retirement effect），养老金制度可能诱使提前退休进而增加个人储蓄。这两种效应的相对重要性，主要取决于个人的消费函数。

费尔德斯坦在莫迪利安尼（1963）消费函数基础上，引入养老保险财富（social security wealth，SSW）变量，并把退休年龄看作内生变量（endogenous variable），即由模型系统决定，构建扩展的生命周期模型（extended life cycle model）如下：

$$C_t = \alpha + \beta_1 Y_t + \beta_2 RE_t + \gamma_1 W_{t-1} + \gamma_2 SSW_t \qquad (2.8)$$

其中，养老保险财富 SSW_t 表示养老金在 t 时刻的现值。莫迪利安尼（1974）采用美国 1929—1971 年（不包括 1941—1946 年）的时间序列数据对模型（2.8）进行实证分析，证实养老保险可降低 30% ~ 50% 的个人储蓄。费尔德斯坦的研究成果为学术界研究养老保险影响居民消费问题提供了重要参考，但也带来了众多争议。

穆纳尔（Munnell，1974）认为养老保险对消费的影响除了要考虑养老保险财富变量，还需考虑引致退休影响。在扩展的生命周期模型基础上，穆纳尔加入了 $YD \cdot LF65$ 变量（其中，YD 为可支配收入；$LF65$ 为 65 岁及以上人口的劳动参与率），通过对美国 1900—1971 年相关数据的实证研究，认为养老保险对私人储蓄没有显著影响。

巴罗（Barro，1978）在模型（2.8）中加入失业率、政府财政盈余及家庭耐用品存量，通过对 1929—1974 年美国相关数据的实证分析，同样认为养老保险制度对私人储蓄没有显著影响。1978年，达比（Darby）在模型（2.8）中加入货币供给和耐用消费品相对价格两个变量，也得到类似的结论。

1979 年，马科夫斯基和帕尔默（Markowski and Palmer）、波义尔和马锐（Boyle and Murrey）、普法夫和赫尔勒（Pfaff and Hurler）等学者分别对瑞典、加拿大和德国的时间序列数据进行实证分析，也没有得到一致的结论。

莱默尔和列斯诺伊（Leimer and Lesnoy，1982）对费尔德斯坦的研究提出质疑，认为其存在三个问题：①回归结果对时间序列数据较为敏感；②SSW 的计算方法对回归系数产生较大影响；③养老金收益的预期方法还值得推敲。

费尔德斯坦（1996）将样本更新为 1930—1992 年，并采用 Hildreth-Lu 方法修正模型自相关问题，再次证实养老保险对居民储蓄有挤出效应这一结论，每美元养老保险财富将减少 2 ~ 3 美分的私人储蓄。梅圭尔（Meguire，1998）和布雷克（Blake，2004）等对美国样本数据的研究，也同样支持费尔德斯坦（1996）的观点。

艾迪德（Aydede，2007）将模型（2.8）应用于土耳其相关数据的研究，并在模型中加入信用约束、人口趋势、不确定性及家庭财富等变量，也证实养老保险对总消费有显著的正影响。

另外，应用截面数据研究扩展生命周期模型的学者有克恩和迪克斯－米勒奥（King and Dicks-Mireaux，1984）及拉瓦多（Lavado，2006）等，他们分别对加拿大和菲律宾的微观调查数据进行实证分析，都证实养老保险财富对家庭储蓄有显著的替代作用。以上总结见表 2.1。

表 2.1 生命周期假说下养老保险影响消费问题相关外文文献

作者	样本	被解释变量	SSW 系数
时间序列数据			
Feldstein（1974）	USA，1930—1971 年	消费	S
Munnell（1974）	USA，1900—1971 年	个人储蓄	NS
Barro（1978）	USA，1929—1974 年	消费	NS
Darby（1978）	USA，1924—1974 年	消费	NS
Markowski and Palmer（1979）	Sweden，1952—1975 年	储蓄收入比值	S
Boyle and Murrey（1979）	Canada，1946—1975 年	人均储蓄	NS
Pfaff，Hurler，Dennerlein（1979）	Germany，1965—1978 年	储蓄收入比值	NS
Leimer and Lesnoy（1982）	USA，1930—1974 年	消费	NS
Browning（1982）	UK，1966—1979 年	消费	S
Lee and Chao（1988）	USA，1947—1977 年	人均储蓄	NS
Magnussen（1994）	Norway，1966—1990 年	消费	NS
Rossi and Visco（1995）	Italy，1954—1993 年	消费	S
Feldstein（1996）	USA，1930—1992 年	消费	S
Meguire（1998）	USA，1930—1992 年	消费	S
Coates and Humphreys（1999）	USA，1930—1992 年	消费	S
Blake（2004）	UK，1948—1994 年	消费	S

续表

作者	样本	被解释变量	SSW 系数
时间序列数据			
Aydede（2007）	Turkey，1970—2003 年	消费	S
截面数据			
King and Dicks-Mireaux （1982）	Canada	总财富与持久 收入比	S
Lavado（2006）	Philippine	个人储蓄	S

注：S 表示有显著影响；NS 表示没有显著影响。

国内学者对相关问题的研究起步比较晚。张继海（2006）在扩展生命周期模型中加入户主年龄、负担系数等变量，通过对辽宁省2002 年和 2003 年城镇居民家计调查数据的实证分析，认为养老保险财富对消费支出有显著的正向影响。杨天宇、王小婷（2007）用社会保障支出来衡量 SSW，并对我国 1980—2004 年样本数据实施VAR 模型分析，证实社会保障支出对居民消费有一定的挤出效应。石阳、王满仓（2010）采用我国 2002—2007 年的省际面板数据，对模型（2.8）进行差分处理，以减弱多重共线性问题，同样证实养老保险财富对居民消费存在显著的正向影响。

2.2　代际交叠、养老保险与居民消费

2.2.1　代际交叠模型

由于养老保险制度的一个重要特征是财富的代际转移，许多研究养老保险和居民消费问题的学者逐渐将研究方法转向代际交叠模型（overlapping generations model，OLG）。代际交叠模型是由戴蒙德（Diamond，1965）在萨缪尔森（Samuelson）的早期研究成果上

建立起来的，又称为戴蒙德模型。与生命周期假说不同，OLG 模型考虑人口的新老交替。以罗默（Romer，1999）介绍的戴蒙德模型为例：①人存活两期，存在新老交替，每个时期社会上有 L_t 个年轻人和 L_{t-1} 个老人，若人口增长率为 n，则 $(1 + n) L_{t-1} = L_t$；② c_{1t} 和 c_{2t+1} 分别表示 t 时刻年轻人和 $t + 1$ 时刻老人的消费支出，效用函数选择常相对风险厌恶效用函数（constant relative risk aversion，CRRA）：

$$u(c) = \begin{cases} \dfrac{1}{1 - \theta} c^{1-\theta} & \theta > 0 \\ lnc & \theta = 1 \end{cases} \qquad (2.9)$$

消费者的总效用取决于两期的消费水平：

$$U_t = u(c_{1t}) + \frac{u(c_{2t+1})}{(1 + \rho)} = \frac{c_{1t}^{1-\theta}}{1 - \theta} + \frac{c_{2t+1}^{1-\theta}}{(1 + \rho)(1 - \theta)} \qquad (2.10)$$

$$s.t. \ c_{1t} + \frac{c_{2t+1}}{(1 + r_{t+1})} = w_t A_t \qquad (2.11)$$

其中，ρ 为跨期的主观贴现率；θ 为消费的边际效用弹性；$w_t A_t$ 为劳动收入。对终身效用函数求一阶导数，得到欧拉方程（the Euler equation）：

$$\frac{1}{1 + \rho} c_{2t+1}^{-\theta} = \frac{1}{1 + r_{t+1}} c_{1t}^{-\theta} \qquad (2.12)$$

将欧拉方程（2.12）代入约束条件（2.11），则有消费函数：

$$c_{1t} = \left[\frac{(1 + \rho)^{\frac{1}{\theta}}}{(1 + \rho)^{\frac{1}{\theta}} + (1 + r_{t+1})^{\frac{1-\theta}{\theta}}} \right] w_t A_t \qquad (2.13)$$

可见，t 时刻的消费水平主要取决于当期收入、边际效用弹性、利率和主观贴现率。其中，消费和利率的变化方向主要取决于边际效用弹性 θ，若 $\theta > 1$，则消费水平随利率递增；若 $\theta < 1$，则消费水平随利率递减。

2.2.2 基于代际交叠模型研究养老保险和居民消费的文献综述

奥尔巴赫和科特李科夫（Auerbach and Kotllkoff，1981）认为

社会保障构成一个代际转移，如果不同年龄组人群有不同的边际消费倾向，则这种转移将影响总消费和国民储蓄。奥尔巴赫和科特李科夫（1983）最早构造了一个大规模世代交叠模型（A-K model），用来研究美国的养老保险体系。他们认为，如果老年人和年轻人的边际消费倾向存在差异，则在各代人之间的再分配政策将促进消费、降低储蓄。

布兰查德和费歇尔（Blanchard and Fischer，1989）基于戴蒙德的代际交叠模型分别分析了现收现付制和完全基金制条件下养老保险对居民储蓄和资本积累的影响。以现收现付制为例，两期的消费水平分别为：

$$c_{1t} = w_t - s_t - d_t \qquad (2.14)$$

$$c_{2t+1} = (1 + r_{t+1}) s_t + (1 + n) d_{t+1} \qquad (2.15)$$

其中，d_t 表示 t 时刻年轻人对老人的养老金贡献；s 为储蓄。则跨期约束条件（2.11）可以表示为：

$$w_t = c_{1t} + \frac{c_{2t+1}}{1 + r_{t+1}} + d_t - \frac{1 + n}{1 + r_{t+1}} d_{t+1} \qquad (2.16)$$

欧拉方程为：

$$u^{'}(w_t - s_t - d_t) = \frac{1}{1 + \rho} [\, u^{'}(1 + r_{t+1}) s_t + (1 + n) d_{t+1}] \qquad (2.17)$$

假定 $d_t = d_{t+1}$，式（2.17）对 s 和 d 微分，则有：

$$\frac{d s_t}{d d_t} = - \left\{ \frac{u_1^{''} + (1 + \theta)^{-1}(1 + n) u_2^{''}}{u_1^{''} + (1 + \theta)^{-1}(1 + r_{t+1}) u_2^{''}} \right\} < 0 \qquad (2.18)$$

可见，在现收现付制条件下，养老保险贡献（缴费）会使私人储蓄减少，减少的部分是大于 1 还是小于 1，取决于利率和人口增长率的关系。布兰查德和费歇尔（1989）的代际交叠模型为学术界研究养老保险影响居民消费问题提供了一般均衡的分析框架。

圣保罗（Saint-Paul，1992）和劳特（Raut，1992）较早对布

兰查德的研究框架进行深入的研究。圣保罗（1992）将两期生命周期扩展到无限期，进一步证实现收现付制养老保险降低经济增长率。劳特（1992）将人口出生率设为内生变量，认为养老保险贡献率对储蓄和人口出生率都有负影响。

格特勒（Gertler，1997）将退休年龄设为内生变量，并采用常替代弹性效用函数（constant elasticity of substitution，CES），认为养老保险影响资本密度（captial intensity）。佩奇尼诺和乌腾多夫（Pecchenino and Utendorf，1999）在代际交叠模型中加入父母对子女的教育支出这一变量，并假定个人存活三期，认为养老保险对教育支出有挤出效应，因而将抑制资本形成和经济增长。博尔施－苏潘等（Börsch-Supan et al.，2006）设计了多国家代际交叠模型，并采用数据模拟方法证实现收现付制养老保险加强了资本流动和人口变迁之间的相互关系。艾迪德（2011）采用代际交叠模型分析养老保险财富转移对居民储蓄的影响，并采用伪面板（pseudo-panel）方法对土耳其 2003—2006 年微观调查数据进行实证分析，证实退休人员的边际消费倾向要高于在职人员，这一差异将加强财富再分配对国民储蓄的影响。布鲁斯和特诺夫斯基（Bruce and Turnovsky，2013）认为早期的代际交叠模型对人口结构的假定都是不切实际的，于是提出可计算的人口内生增长模型，同样证实现收现付制养老保险抑制经济增长。

国内学者对该问题的研究主要始于 2000 年。袁志刚、宋铮（2000）构建了一个体现我国养老保险基本特征的代际交叠模型，认为无论养老保险制度采取何种形式，未来劳动力数量的下降必将通过利率或代际转移总额来影响第一代人退休以后的消费水平，进而影响他们的最优储蓄率。彭浩然、申曙光（2007）用代际交叠内生增长模型考察了现收现付制与生育率、储蓄率、人力资本投资、经济增长的相互关系，并利用我国 31 个地区的数据进行经验研究，证实现收现付制养老保险降低居民储蓄率以及人力资本投资占居民收入的份额，不利于经济增长。杨再贵（2009）在代际交叠模型框架内，考察我国的部分积累制养老保险对人口出生率、经济增长和家庭养老保障的影响，证明提高企业缴费率将导致人口出生率和代际转移率下降、经济增长率上升，而个人缴费对这三者没有影响。张晓娣（2014）利用代际交叠模型探析存在养老保险时公共债务的长期动态演化路径，认为养老保险能够增加居民终生收入、提高人口出生率。

2.3　预防性储蓄、养老保险与居民消费

2.3.1　预防性储蓄模型

目前，学术界倾向采用预防性储蓄模型（precautionary saving model）研究养老保险和居民储蓄问题。较早对预防性储蓄理论进行系统研究的学者是利兰（Leland）。利兰（1968）提出预防性储蓄的概念，指风险厌恶的消费者由于未来收入的不确定性而导致的额外储蓄，并基于消费的两期模型证实收入的不确定性将增强预防性储蓄动机。西布利（Sibley，1975）与米勒（Miller，1976）将预防性储蓄模型扩展到多期，并一致认为凸的边际效用函数是预防性储蓄存在的必要条件①。目前，学术界测算预防性储蓄主要采用两种方法：①将欧拉方程二阶泰勒展开估计预防性储蓄动机；②根据缓冲存货理论直接设定方程估计预防性储蓄。

1. 欧拉方程二阶泰勒展开

金博尔（Kimball，1990）基于普拉特（Pratt，1964）、阿罗（Arrow，1965）的风险规避理论提出绝对谨慎（absolute prudence）

---

① 凸的边际效用函数满足：$u'(\,\cdot\,) > 0$，$u''(\,\cdot\,) < 0$，$u'''(\,\cdot\,) > 0$。

系数 $- u'''(c) / u''(c)$ 可代表预防性储蓄动机强度。戴南（Dynan，1993）认为消费变异能更好地衡量风险，并通过对欧拉方程的二阶泰勒展开式最终得到了一个包含可测度相对谨慎系数 $- u'''(c) \cdot c / u''(c)$ 的方程式，该方程式已成为测算预防性储蓄动机的主流方法。

戴南（1993）的分析思路是将欧拉方程二级泰勒展开，并构建一个包含预防性储蓄动机的方程。具体思路如下：

（1）考虑一个代表性消费者，其效用函数的三阶导数 $u''' > 0$，各期相互独立可加。消费者跨期选择问题可表述为：

$$max\ U_t = E_t \Big[\sum_{i=0}^{\infty} (\frac{1}{1+\rho})^i u(c_{t+i}) \Big] \tag{2.19}$$

$$s.t.\ A_{t+i+1} = (1 + r_{t+i}) A_{t+i} + y_{t+i} - c_{t+i} \tag{2.20}$$

其中，E 为期望算子，ρ 为贴现率，c 为消费，A 为资产，y 为收入。

（2）存在流动性约束时，要求 $A_i > 0$，此时欧拉方程可表示为：

$$u'(c_t) = \frac{1+r}{1+\rho} E_t\ u'(c_{t+1}) \tag{2.21}$$

当假定 $\rho = r$ 时，将式（2.21）中的 $E_t\ u'(c_{t+1})$ 围绕 c_t 进行二阶泰勒展开，得到下式[①]：

$$E_t(c_{t+1} - c_t) = - \frac{1}{2} \frac{u''(c_t)}{u'(c_t)} E_t(c_{t+1} - c_t)^2 \approx \frac{1}{2} a\ E_t(c_{t+1} - c_t)^2 \tag{2.22}$$

$$E_t(\frac{c_{t+1} - c_t}{c_t}) = - \frac{1}{2} \frac{u''(c_t) \cdot c_t}{u'(c_t)} E_t(\frac{c_{t+1} - c_t}{c_t})^2 \approx \frac{1}{2} p\ E_t(\frac{c_{t+1} - c_t}{c_t})^2 \tag{2.23}$$

---

① 若一元函数 $f(x)$ 具有二阶连续导数，则 $f(x)$ 在点 x_0 处的二阶泰勒展开式如下（省略高阶无穷小）：$f(x) = f(x_0) + f'(x_0)(x - x_0) + \frac{1}{2} f''(x_0)(x - x_0)^2$。

其中，$a \approx -\dfrac{u'''(c)}{u''(c)}$，为绝对谨慎系数（coefficient of absolute prudence）；$p \approx -\dfrac{u'''(c) \cdot c}{u''(c)}$，为相对谨慎系数（coefficient of relative prudence），可用来测度预防性储蓄动机。戴南（1993）构建的这个包含预防性储蓄动机的方程，为学术界研究预防性储蓄问题提供了一个较好的思路。

2. 缓冲存货理论

卡罗尔（Carroll，1992）通过数值技术模拟出了在不确定情况下，预防性储蓄者的财富收入比与消费率之间的关系以及财富收入比、消费率、个人储蓄率随时间变动的过程，并由此提出了储蓄的缓冲存货（buffer stock）理论。缓冲存货理论的基本内容是：消费者既是缺乏耐心的又是谨慎的，存在一个目标财富水平，如果财富积累超过这一目标，缺乏耐心将比谨慎更强烈，消费者将增加消费；若财富积累低于目标水平，谨慎将制服缺乏耐心，消费者将储蓄。当失业预期存在时，行为人将变得更悲观，他们将调高目标财富水平，并增加储蓄以达到新目标。根据缓冲存货理论，一些文献将测定预防性储蓄的模型设定为（郭香俊、杭斌，2009）：

$$\frac{W_h}{Y_h^p} = f(Y_h^p, X_h, \sigma_h^2) + e_h \tag{2.24}$$

其中，W_h / Y_h^p 表示财富收入比，Y_h^p 是家庭持久收入，σ_h^2 为收入不确定性，X_h 是家庭特征向量。

2.3.2 基于预防性储蓄理论研究养老保险和居民消费的文献综述

马格努森（Magnussen，1994）较早基于预防性储蓄模型分析养老保险影响居民消费问题，认为养老金收入及其不确定性同样影响居民的消费行为。马格努森的研究方法是：

$$\max \quad E_t \sum_{i=0}^{T-t} (1 + \delta)^{-i} u(c_{t+i}) \tag{2.25}$$

$$s.t. \sum_{i=0}^{T-t} \beta_i c_{t+i} = A_t + \sum_{i=0}^{R-t} \beta_i y_{t+i} + \sum_{i=R-t+1}^{T-t} \beta_i p_{t+i} \quad (2.26)$$

其中，T 表示寿命；R 表示退休年龄；$\beta_i = \left[\prod_{j=1}^{i}(1+r_{t+j})\right]^{-1}$。则欧拉方程可以表示为：

$$u'(c_t) = \left(\frac{1+r_{t+1}}{1+\delta}\right) E_t\left[u'(c_{t+1})\right] \quad (2.27)$$

马格努森选择指数效用函数（exponential utility function）$u(c_t) = -\dfrac{\exp(-\theta c_t)}{\theta}$，并假定消费路径遵循线性过程：

①退休前：$c_{t+i} = \Gamma_{t+i+1} + c_{t+i+1} + w_{t+i}$，$0 \leqslant i \leqslant R-t$

②退休后：$c_{t+i} = \Omega_{t+i+1} + c_{t+i+1} + v_{t+i}$，$R-t+1 \leqslant i \leqslant T-t$

其中，w_{t+i} 和 v_{t+i} 分别表示劳动收入和养老金收入的冲击。则有：

$$\Gamma_{t+i-1} = (1/\theta)\ln\{E_{t+i-1}[\exp(-\theta w_{t+i})]\} + \ln(1+r_{t+i}) - \ln(1+\delta) \quad (2.28)$$

$$\Omega_{t+i-1} = (1/\theta)\ln\{E_{t+i-1}[\exp(-\theta v_{t+i})]\} + \ln(1+r_{t+i}) - \ln(1+\delta) \quad (2.29)$$

假定扰动项的方差为：

$$(1/\theta)\ln\{E_{t+i-1}[\exp(-\theta w_{t+i})]\} = (\theta/2)\sigma_{wt+i}^2, \quad 0 \leqslant i \leqslant R-t \quad (2.30)$$

$$(1/\theta)\ln\{E_{t+i-1}[\exp(-\theta v_{t+i})]\} = (\theta/2)\sigma_{vt+i}^2, \quad R-t+1 \leqslant i \leqslant T-t \quad (2.31)$$

则消费函数可以表示为：

$$\sum_{i=0}^{T-t} \beta_i c_t = A_t + \sum_{i=0}^{R-t} \beta_i E_t y_{t+i} + \sum_{i=R-t+1}^{T-t} \beta_i E_t p_{t+i} - \sum_{i=0}^{T-t} \beta_i$$

$$\sum_{j=1}^{i} r_{t+j-1} - \sum_{i=0}^{T-t} \beta_i ik - \sum_{i=0}^{R-t} \beta_i E_t \sum_{j=1}^{i} \left(\frac{\theta}{2}\right)\sigma_{wt+j-1}^2$$

$$- \sum_{i=R-t+1}^{T-t} \beta_i E_t \sum_{j=1}^{i} \left(\frac{\theta}{2}\right)\sigma_{vt+j-1}^2 \quad (2.32)$$

其中，$k = -\ln(1 + \delta)$。

可见，消费支出主要依赖于利率水平、预期收入及收入不确定性。由于养老金收入一般比劳动收入更平滑，因此养老保险制度往往促进居民消费。然而，人口老龄化、收入增长包含确定性趋势等问题，可能使得养老金收入的方差比劳动收入的方差大，此时，养老保险制度可能会抑制居民消费。马格努森通过对挪威 1962—1991 年样本数据的研究，认为人口老龄化导致养老保险费的上升是抑制居民消费的主要原因。

基于预防性储蓄理论研究养老保险影响居民消费问题的国内文献同样比较少。杨继军、张二震（2013）在布鲁克斯（Brooks，2003）模型基础上引入养老保险对个体消费行为的影响，并以收入波动和支出波动度量不确定性，通过对我国 1994—2010 年省际面板数据（不包括重庆）的研究，认为养老保险覆盖面、养老保险缴费率和养老保险制度改革均显著提高了居民储蓄率，并没有弱化居民预防性储蓄倾向。

2.4 习惯形成、养老保险与居民消费

2.4.1 习惯形成模型

习惯形成模型（habit formation model）是消费理论中比较前沿的理论。由于需求刚性，研究养老保险对居民消费影响时，考虑习惯形成因素对退休人员消费行为的影响就显得非常有意义。习惯形成理论认为，效用函数在时间上是不可分的，当期的效用不仅取决于当期的消费支出，还与过去消费水平有关。将过去消费水平引入效用函数，主要有两种方式：一种是加法，$u(c_t - \alpha z_t)$，如米尔鲍尔（Muellbauer，1988）、戴南（2000）、塞金（Seckin，2000）及

李（Rhee，2004）等；另一种是乘法，$u(c_t / z_t^\gamma)$，如费勒（Fuhrer，2000）、斯托弗尔（Christoffel，2003）、丹尼斯（Dennis，2008）等。对于 z_t，一般表示如下：

$$z_t = \rho z_{t-1} + (1 - \rho) c_{t-1} \tag{2.33}$$

其中，文献中最常见的做法是取 $\rho = 0$，即 $z_t = c_{t-1}$。

以塞金（2000）的研究方法为例，假定消费者的效用最大化问题可以表述为：

$$\max \quad E_0 \sum_{t=0}^{\infty} \beta^t u(c_t - \alpha c_{t-1}) \tag{2.34}$$

$$s.t. \quad A_{t+1} = (1 + r)(A_t + y_t - c_t) \tag{2.35}$$

则欧拉方程可以表述为：

$$u'(c_t - \alpha c_{t-1}) - E_t \alpha \beta u'(c_{t+1} - \alpha c_t)$$
$$= \beta(1 + r) E_t [u'(c_{t+1} - \alpha c_t) - E_t \alpha \beta u'(c_{t+2} - \alpha c_{t+1})] \tag{2.36}$$

对于效用函数，塞金选择二次效用函数：

$$u(c_t - \alpha c_{t-1}) = v_0 + v_1(c_t - \alpha c_{t-1}) - \frac{1}{2} v_2 (c_t - \alpha c_{t-1})^2 \tag{2.37}$$

则消费函数可表示为：

$$c_t = (1 - \alpha\beta) y_t^p + \alpha\beta c_{t-1} \tag{2.38}$$

$$y_t^p = (1 - \beta)\left(A_t + \sum_{i=0}^{\infty} \beta^i E_t y_{t+i}\right) \tag{2.39}$$

可见，由于习惯支配，消费者的支出水平不仅取决于持久收入，还受过去支出水平的影响。

2.4.2 基于习惯形成理论研究养老保险和居民消费的文献综述

目前，基于习惯形成理论研究社会养老保险影响居民消费问题的文献还比较少，国内文献几乎没有。勃文伯格（Bovenberg，

2011）发展了设置养老金体制的分析框架，认为习惯形成背景下，相对风险规避伴随着年龄的增长而降低，年轻人有更长期限适应冲击，即有更长时间来调整自己的生活习惯。西蒙诺维茨（Simono-vits，2012）在生命周期模型中引入习惯形成、遗产继承及信用约束等因素，对老龄化背景下养老保险和居民储蓄问题进行了定性研究。滕胡宁（Tenhunen，2013）在两期生命周期模型中引入习惯形成因素，认为退休人员的消费水平依赖退休前的生活标准，福利制度下的政府应通过提高退休阶段消费效用的折现率来纠正消费者的短视行为。通过数值模拟分析，滕胡宁认为最好的养老金计划应该是非线性的，有些通过补贴，有些通过保证金。

2.5　四种消费理论评价及其对本研究的启示

生命周期假说，强调消费平滑和跨期效用最大化的思想为消费理论的发展提供了很好的思路，也在理论上解释了消费函数之谜，即说明了长期消费函数的稳定性及短期消费波动的原因。然而，生命周期假说忽视了儿童和不确定性问题，使其并不能有效解释各国的消费和经济增长问题。

代际交叠模型，考虑了财富的代际转移，能有效分析现收现付制养老保险对消费的影响机制，然而该理论对个体消费行为的假设依然是基于生命周期假说。

预防性储蓄理论充分考虑不确定性对居民消费的影响，在存在不确定性情况下，收入下降，预防性储蓄增加，从而消费支出降低；相反，收入增加，预防性储蓄减少，从而消费支出增加。因此，预防性储蓄理论有效解释了消费的过度敏感现象。戴南（1993）的预防性储蓄模型操作简单，但该方法没有考虑到高阶项与独立变量的相关性，也没有考虑流动性约束，因此在实证分析时可能产生遗漏变量偏差问题。缓冲存货储蓄理论充分考虑了流动性约束、消费者缺乏耐性及不确定性等因素，能有效解释过度敏感（excess sensitivity）和过度平滑（excess smoothness）现象①。但受模型条件所限，它对理解家庭投资毫无帮助（厉以宁等，2001）。

生命周期假说和预防性储蓄理论，都假定效用是跨时可加的，该假定还会造成一些假象，如任何两个时期之间的边际替代率独立于任何其他时期的消费水平，跨时替代弹性和相对避险系数之间存在反向联系等。

习惯形成理论，有效地解释了消费决策行为背后所暗含的内在逻辑，对于一些跨期可加效用函数无法解释的经济现象也能提供合理解释，如股权溢价（the equity premium）之谜（Abel，1990；Constantinides，1990；Campbell and Cpchrane，1999），高增长导致高储蓄问题（Carroll and Weil，2000），消费过度平滑问题（Furher，2000）。然而，很少有微观数据能够支持习惯形成理论（Rhee，2004）。

因此，每个消费理论都有各自的优缺点，研究养老保险对居民消费的影响问题，不能轻易采用哪一种消费理论。本书将在生命周期假说、预防性储蓄和习惯形成理论基础上，构建更具代表性的消费理论模型，将养老保险制度引入分析框架中，并通过宏观数据和微观数据分别对其进行实证研究。

---

① 过度敏感现象指消费变化与预期收入变化正相关；过度平滑现象指消费变化比持久收入变化更平滑。

第 3 章　我国城镇居民消费现状分析

研究我国城镇居民的消费行为，需要遵循从关注现象到深入本质的过程，不能简单照搬西方的消费理论。本章基于宏观数据对城镇居民消费水平、消费倾向开展描述统计分析，基于微观调查数据绘制城镇居民工资收入、消费水平的年龄曲线，多角度分析城镇居民消费特征，为消费理论应用提供依据。

3.1　我国城镇居民消费水平分析

3.1.1　我国城镇居民消费的时序变化

改革开放后，随着我国经济的快速增长，城镇居民生活水平不断提高。根据国家统计局网站（stats. gov. cn）提供的统计数据，城镇居民人均可支配收入从 1978 年的 343 元增长到 2020 年的 43 834 元，年均增长 7.02%。城镇居民人均消费支出从 1978 年的 311 元增长到 2020 年的 27 007 元，年均增长 6.03%。分阶段看城镇居民人均可支配收入与人均消费支出的平均增速，1981—1990 年分别为 4.54% 和 4.34%，1991—2000 年分别为 6.78% 和 6.25%，2001—2010 年分别为 9.53% 和 8.55%，2011—2020 年分别为 6.21% 和

4.29%（见表3.1）。可见，城镇居民人均可支配收入与人均消费支出增速差距持续扩大，导致城镇居民平均储蓄倾向（1 – 人均消费支出/人均可支配收入）持续上升，从1990年的0.153逐渐上升到2020年的0.384（见图3.1）。

表3.1　　　　我国城镇居民收入与消费分阶段增速比较　　　　单位:%

时段	人均可支配收入年均增速	人均消费支出年均增速
1981—1990 年	4.54	4.34
1991—2000 年	6.78	6.25
2001—2010 年	9.53	8.55
2011—2020 年	6.21	4.29

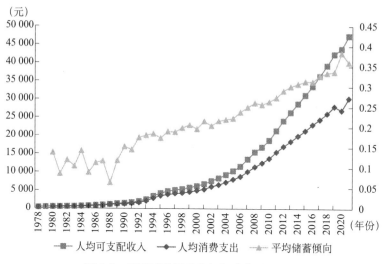

图3.1　我国城镇居民收入与消费时序变化

3.1.2　我国城镇居民消费的区域差距

变异系数是测算居民消费区域差距的常用指标，计算公式如下：

$$C.V = \frac{sd(X)}{\bar{X}} \times 100\% \qquad (3.1)$$

其中，sd 为标准差，$\bar{X}$ 为平均值。变异系数可以消除单位和平均数不同对两个或多个数据资料变异程度比较的影响，因此可以用来研究我国城镇居民消费区域差距随时间变化情况。根据国家统计局网站提供的分省年度数据，可计算 1978—2020 年我国内地 31 个省（自治区、直辖市）城镇居民人均可支配收入和人均消费支出变异系数，具体见图 3.2。城镇居民人均可支配收入变异系数从 1981 年的 15.06% 逐渐上升到 2006 年的 29.53%，继而逐渐下降到 2015 年的 25.29%，随后又上升到 2020 年的 26.34%。城镇居民人均消费支出变异系数从 1981 年的 13.08% 逐渐上升到 2006 年的 31.34%，随后逐渐下降到 2020 年的 23.17%。可见，改革开放以来城镇居民人均可支配收入和人均消费支出变异系数的变动趋势高度一致，主要差别体现在"十三五"时期，即人均可支配收入区域差异在扩大，而人均消费支出区域差异在缩小。

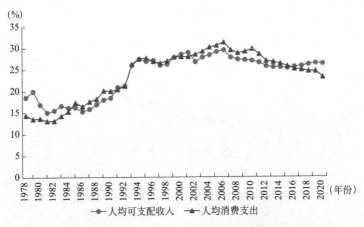

图 3.2　我国城镇居民人均可支配收入和人均消费支出变异系数

近年来，城镇居民人均消费支出区域差异持续缩小，消费支出呈空间集聚特点是主要原因之一。为了验证这一点，可计算常用的空间自相关指标莫兰指数（Moran's I），该统计量由澳大利亚统计学家莫兰（Moran）于 1950 年提出，计算公式如下：

$$I = \frac{\sum\limits_{i=1}^{n} \sum\limits_{j=1}^{n} w_{ij}(x_i - \bar{x})(y_i - \bar{y})}{S^2 \cdot \sum\limits_{i=1}^{n} \sum\limits_{j=1}^{n} w_{ij}} \qquad (3.2)$$

其中，w_{ij} 是空间权重矩阵中对应位置的权重，S^2 为方差。莫兰指数的取值范围是 ［－1，1］，取值为正，表示具有相似的属性聚集在一起，反之则表示具有相异的属性聚集在一起。使用 Geoda 软件计算城镇居民人均消费支出莫兰指数，2000 年为 0.2768，2010 年为 0.3302，2020 年为 0.3523（见图 3.3）。可见，近 20 年城镇居民消费支出的空间集聚程度显著上升。

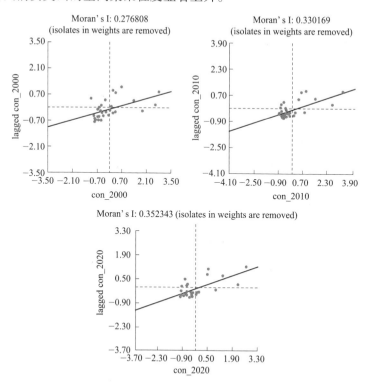

图 3.3　主要年份我国城镇居民人均消费支出区域莫兰指数

3.2 我国城镇居民消费倾向分析

3.2.1 我国城镇居民平均消费倾向分析

根据凯恩斯（Keynes）的绝对收入假说（the absolute income hypothesis，AIH），边际消费倾向（Marginal propensity to consume，MPC）取正并小于 1，平均消费倾向（average propensity to consume，APC）随着收入的增加而下降，学术界通常用公式表示如下：

$$Y = \alpha + \beta X \tag{3.3}$$

$$APC = \frac{Y}{X} = \frac{\alpha}{X} + \beta = \frac{\alpha}{X} + MPC \tag{3.4}$$

其中，α 大于 0，代表必不可少的自发性消费部分，就是当收入为 0 时，即使动用储蓄或借债也必须要有的基本消费。

由图 3.4 可知，我国城镇居民平均消费倾向（指消费在收入中所占的比例）从 1978 年的 0.91 逐渐下降到 2020 年的 0.62。杭斌（2010）对我国城镇居民平均消费倾向下降问题做过深入研究，认为经济快速增长导致城镇居民消费惯性增强和收入不确定性加大，是导致平均消费倾向持续走低的重要原因。

3.2.2 我国城镇居民边际消费倾向分析

衡量边际消费倾向，一般采用模型（3.3）估计斜率系数。基于 1980—2020 年我国内地 31 个省（自治区、直辖市）人均可支配收入和平均消费倾向数据，计算历年的边际消费倾向，见图 3.4。可见，纵向来看，边际消费倾向并非常数，而是和平均消费倾向一样呈逐渐下降趋势。

分地区看，根据各省（自治区、直辖市）1980—2020 年人均可

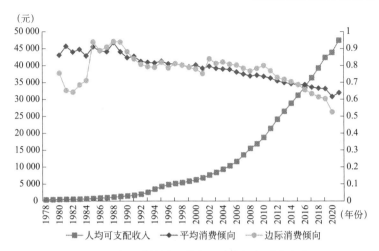

图 3.4　我国城镇居民收入、消费倾向时序变化

支配收入和人均消费支出数据，计算边际消费倾向，范围为 0.59 ~ 0.74；计算同期人均可支配收入年均增长率，范围为 10.7% ~ 13.4%。由图 3.5 可知，边际消费倾向和人均可支配收入增长率总体上呈负相关关系，即人均可支配收入增长快的地区城镇居民边际消费倾向会比较低，进一步证实高增长带来了高储蓄，凯恩斯的绝对收入假说不足以解释我国城镇居民边际消费倾向持续走低现象。

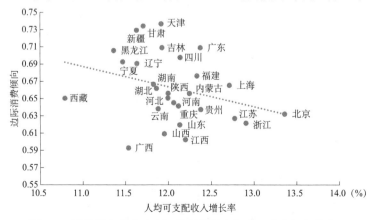

图 3.5　城镇居民人均可支配收入增长率与边际消费倾向散点图

3.3 我国城镇居民生命周期消费曲线

3.3.1 生命周期赤字

生命周期赤字，主要衡量消费支出和工资收入的差额如何随年龄增长而变化（d'Albis et al.，2015）。在工作年份中，消费支出低于工资收入，生命周期赤字为负；在依赖年份中，消费支出大于工资收入，生命周期赤字为正（见图3.6）。可见，生命周期工资收入直接决定了生命周期的消费和储蓄行为。消费是经济增长的主要拉动力，储蓄是经济增长的主要驱动力。因此，根据生命周期赤字理论，人口年龄结构老化必然影响全社会的平均消费倾向，进而影响总消费、总储蓄和经济增长，影响程度取决于生命周期工资收入和消费支出曲线的形状。生命周期储蓄、消费和经济增长关系一直是学术界的研究重点，但一般将工资收入视为外生变量。然而直到近年，生命周期工资收入曲线形状和经济增长关系才引起学术界的重视。拉加科斯等（Lagakos et al.，2018）认为富裕国家的生命周期工资收入曲线比贫穷国家更高、上升更为陡峭，也更显凹形，其中缘由还有待于深入研究。

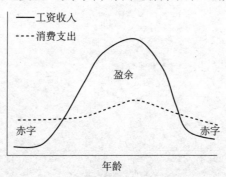

图3.6 生命周期赤字现象

3.3.2 我国城镇居民生命周期收入曲线

1. 常见类型

生命周期工资收入曲线（life-cycle wage profile），反映的是工作期平均工资收入随年龄增长的分布轮廓，最早由以色列学者本－波拉斯（Ben-Porath）于 1967 年提出，是生命周期赤字（life-cycle deficit，LCD）和人力资本理论的重要内容。

（1）根据变量类型分类。生命周期工资收入曲线，x 轴通常是年龄或完成学业后的工作经验，y 轴通常是工资收入（一般以对数形式表示）或相对工资收入差距（一般以新就业人群为参照组）。因此，根据不同变量类型，生命周期工资收入曲线可以分为四类：工资收入—年龄曲线（Mincer，1974）、相对工资收入——年龄曲线（Aktug et al.，2017）、工资收入—经验曲线（Murphy and Welch，1990）和相对工资收入—经验曲线（Lagakos et al.，2018）。这四类曲线本质上都可以反映工资收入在工作期随年龄或经验增长的变化情况，但估计曲线需要采用不同的估计方法。

（2）根据数据类型分类。学术界在估计生命周期工资收入曲线时，一般采用截面数据（cross-sectional data）、伪面板数据（pseudo panel data）或短面板数据（short panel data）绘制某个特定阶段不同年龄职工平均工资的分布曲线（Mincer，1974；Murphy and Welch，1990；Manovskii and Kambourov，2005），采用长面板数据（long panel data）绘制某个特定人群在生命周期各个年龄段的工资收入分布曲线（Borjas and Mincer，1976；Sandgren，2010）。因此，根据不同数据类型，生命周期工资收入曲线可以分为两类：纵向工资收入轮廓（longitudinal earnings profile）和横截面工资收入轮廓（cross-sectional earnings profile）。受数据限制，学术界对横截面生命周期工资收入轮廓研究较多。

（3）根据曲线形状分类。生命周期工资收入曲线总体上都是凹形的，主要分为两种：一是向上倾斜形轮廓（upward sloping profile），即工资收入随年龄增长而上升或先上升后平坦；二是倒 U 形（inverted-U-shaped）或驼峰形（hump-shaped）轮廓，即工资收入随年龄增长先上升后下降，如图 3.7 所示。不同国家生命周期工资收入曲线轮廓差异明显，但以驼峰形状最为常见，如美国峰值出现在 50 岁左右（Mincer，1974；Heckman，1976），而土耳其峰值出现在 45 岁左右（Aktug et al.，2017）。

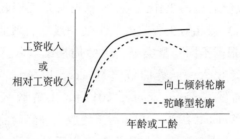

图 3.7　生命周期工资收入曲线常见类型

2. 我国城镇居民工资收入—年龄曲线

绘制我国城镇居民工资收入—年龄曲线，需要基于住户微观调查数据。北京大学中国社会科学调查中心（ISSS）实施的中国家庭追踪调查（China Family Panel Studies，CFPS），已完成 2008 年、2009 年两次预调查，以及 2010 年、2012 年、2014 年、2016 年、2018 年和 2020 年六期正式访问调查，跟踪收集个体、家庭等层次的数据。其中，2010 年调查家庭 14 960 户，2012 年调查家庭 13 451 户，2014 年调查家庭 14 219 户，2016 年调查家庭 14 763 户，2018 年调查家庭 14 241 户，2020 年调查家庭 11 569 户。

基于 CFPS2010—2020 年共六期的家庭微观数据，剔除异常值的影响，整理出城镇居民工资总收入 5% ~95% 范围内数据，描述统计结果见表 3.2。

表 3. 2 城镇居民工资总收入描述统计结果

年份	最小值	1/4 分位数	中位数	均值	3/4 分位数	最大值
2010	300	8 000	14 400	16 011	23 000	40 000
2012	1 130	12 000	20 000	22 608	30 000	59 920
2014	55	10 000	21 000	21 985	33 600	55 000
2016	3 000	18 000	30 000	31 809	44 000	82 000
2018	4 000	24 000	36 000	40 119	54 000	100 000
2020	5 000	26 400	41 000	46 826	60 000	120 000

以年龄为分组依据，分组计算城镇居民工资总收入的均值，并绘制我国城镇居民工资收入—年龄曲线，见图 3.8。可见，我国城镇居民工资收入—年龄曲线基本呈现倒 U 形（inverted-U-shaped）或驼峰形（hump-shaped）轮廓，峰值主要出现在 30～35 岁。相对于美国等发达国家，我国城镇居民工资收入—年龄曲线的峰值出现较早，更在年轻人那里达到最高峰。

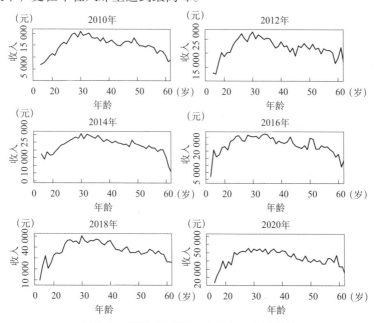

图 3.8 我国城镇居民工资收入—年龄曲线

不考虑除年龄以外其他影响工资收入的因素，也不考虑物价上涨的情况，根据历年我国城镇居民工资收入—年龄曲线，计算 2010 年各年龄人群在 2010—2020 年的年均工资收入增长率，见图 3.9。可见，16～30 岁人群，未来 10 年工资收入增长率随年龄增长而下降；30～50 岁人群，未来 10 年工资收入增长率差别不大，但明显低于年轻人水平。30 岁后，人的生理机能开始下滑，生理上的变化和家庭角色的转变，在知识技能快速迭代背景下，从业优势无法与年轻人相比，预期收入增长率也必然会低于年轻人。随着年龄增长，从业优势减弱，城镇居民面临的收入不确定性增大，预防性储蓄动机也自然增强。

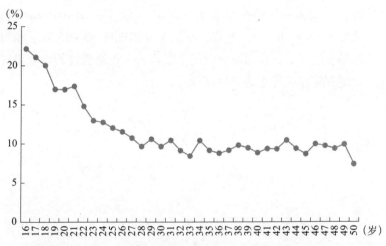

图 3.9　2010 年各年龄人群未来 10 年工资收入增长率

3.3.3　我国城镇居民生命周期消费曲线

1. 生命周期消费曲线

生命周期消费曲线（life-cycle consumption profile），反映的是消费水平随年龄增长的分布轮廓。根据莫迪利亚尼的生命周期假说，理性的消费者要根据自己一生得到的劳动收入和财产收入来安排一生的消费，并希望一生中各个时期消费能够平稳，生命周期消费曲线会比较平坦，见图 3.6。瑟罗（Thurow，1969）认为受流动性约束的影响，年龄消费曲线可能呈驼峰形，该观点也得到了费尔南德斯·维拉费德和克鲁格（Fernandez-Villaverde and Krueger，2007）、亚历山大和巴索（Alexandre and Bação，2019）等的支持。

2. 生命周期消费曲线的估计

对于家庭来说，个人消费和集体消费并存。因此，政府部门、研究机构等在统计消费水平时，往往以家庭为研究对象，即只统计家庭的消费支出，不统计个人的消费支出。目前，学术界估计生命周期消费曲线时，主要采用两种方法：①基于户主年龄，绘制家庭消费支出—年龄曲线；②基于费尔南德斯·维拉费德和克鲁格（2007）提出的虚拟解释变量回归模型，估计个人消费支出，进而绘制个人消费支出—年龄曲线，该模型形式如下：

$$E_{it} = a_0 + \sum_{j=1}^{N} \beta_j \, a_{ijt} + u_{it} \qquad (3.5)$$

其中，E_{it} 表示家庭 i 在 t 期的消费支出，a_{ijt} 为年龄虚拟变量：

$$a_{ijt} = \begin{cases} 1 & \text{有家庭成员属于年龄段 } j \\ 0 & \text{没有家庭成员属于年龄段 } j \end{cases}$$

可见，$(a_0 + \beta_j)$ 表示年龄段 j 人群的平均消费支出。在实际应用时，往往需要在模型（3.5）中加入队列（cohort）、时间等虚拟变量。

3. 我国城镇居民消费—年龄曲线

为了估计我国城镇居民消费—年龄曲线，同样基于 CFPS 家庭数据，整理出城镇居民家庭消费 5%～95% 范围内数据，描述统计结果见表 3.3。

表 3.3　　　　城镇居民家庭消费描述统计结果

年份	最小值	1/4 分位数	中位数	均值	3/4 分位数	最大值
2010	7 512	17 332	26 000	30 073	38 440	86 780
2012	9 780	23 188	35 220	41 515	52 900	128 560
2014	11 650	28 582	44 488	52 781	68 250	167 020

续表

年份	最小值	1/4 分位数	中位数	均值	3/4 分位数	最大值
2016	13 360	33 900	52 426	64 204	81 716	214 500
2018	13 076	35 318	56 315	67 298	88 875	212 700

注：截至 2022 年 9 月，CFPS 家庭数据尚没公布。

利用模型（3.5），可估计出我国城镇居民消费—年龄曲线，见表 3.4 和图 3.10。图 3.8 反映的是个人工资收入，没有考虑家庭其他收入，使得图 3.8 和图 3.10 的收入、消费水平没有可比性，但二者随年龄增长的变化轮廓具有可比性。相对于城镇居民工资收入—年龄曲线，城镇居民消费—年龄曲线显得较平坦，但依然呈现倒 U 形，峰值主要出现在 35～40 岁。可见，研究我国城镇居民的消费行为，应在生命周期假说基础上，充分考虑流动性约束、习惯形成、预防性储蓄等理论。

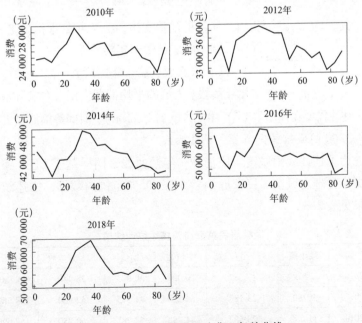

图 3.10　我国城镇居民消费—年龄曲线

表3.4　我国城镇居民消费—年龄曲线估计结果

年龄	2010年		2012年		2014年		2016年		2018年	
	系数	t值	系数	t值	系数	t值	系数	t值	系数	t值
截距	25 000.9 ***	43.613	32 655.7 ***	38.431	41 954.3 ***	40.149	49 955.7 ***	39.476	53 179.2 ***	44.804
age_0-4	769.3	0.821	1 581.9	1.126	4 519.1 ***	2.680	11 076.2 ***	5.830	NA	NA
age_5-9	992.4	1.150	3 220.9 **	2.543	2 137.2	1.322	3 028.5	1.518	-33 394.6	-1.147
age_10-14	376.9	0.431	-147.5	-0.109	-1 062.0	-0.615	-82.1	-0.038	-2 968.5 *	-1.840
age_15-19	2 079.6 **	2.292	3 966.5 ***	3.044	2 669.1	1.579	5 779.3 ***	2.714	-280.5	-0.163
age_20-24	3 215.6 ***	4.288	4 662.9 ***	4.466	2 777.4 **	1.992	4 003.9 **	2.144	4 962.8 ***	3.298
age_25-29	5 565.9 ***	7.935	5 536.4 ***	6.173	5 117.5 ***	4.520	7 413.6 ***	5.134	12 232.3 ***	10.485
age_30-34	4 043.3 ***	5.996	5 899.6 ***	6.228	9 284.3 ***	7.837	13 093.1 ***	8.946	14 575.0 ***	13.209
age_35-39	2 403.0 ***	3.724	5 445.9 ***	5.882	8 758.4 ***	6.948	12 865.6 ***	8.292	16 593.1 ***	12.557
age_40-44	3 051.4 ***	4.848	4 956.9 ***	5.689	5 972.8 ***	5.242	5 486.6 ***	3.634	11 163.9 ***	8.319
age_45-49	3 303.0 ***	5.777	4 961.1 ***	5.771	6 196.2 ***	5.479	4 011.3 ***	2.866	5 944.5 ***	5.209
age_50-54	1 381.3 *	2.396	1 381.5	1.563	4 694.7 ***	4.476	4 889.2 ***	3.882	1 987.7 *	1.834
age_55-59	1 446.3 **	2.539	3 161.6 ***	4.014	4 158.2 ***	3.948	3 688.1 ***	2.592	2 513.0 **	2.043
age_60-64	1 707.9 ***	2.725	2 609.6 ***	2.999	3 892.0 ***	3.570	4 627.2 ***	3.570	1 625.4	1.358
age_65-69	2 581.1 ***	3.232	1 520.1	1.518	608.0	0.517	3 458.2 **	2.340	3 775.0 ***	2.864
age_70-74	911.0 ***	1.077	2 254.2 *	1.870	1 355.5	0.904	3 166.3 *	1.839	2 104.1	1.294

续表

年龄	2010 年		2012 年		2014 年		2016 年		2018 年	
	系数	t 值	系数	t 值	系数	t 值	系数	t 值	系数	t 值
age_75－79	430.8	0.429	－66.2	－0.051	801.0	0.467	4 755.4 **	2.243	2 340.1	0.985
age_80－84	－1 336.8	－0.863	799.6	0.417	－586.8	－0.279	－1 794.1	－0.728	5 676.7 *	1.948
age_85－89	2 438.5	0.760	2 326.6	0.669	－111.4	－0.033	－368.3	－0.102	－537.5	－0.097
R－squared	0.042		0.053		0.055		0.069		0.064	
F－statistic	10.04 ***		12.27 ***		13.43 ***		18.49 ***		23.32 ***	

注：解释变量均为虚拟变量，使模型可决系数比较小。* 表示在 10% 水平下显著，** 表示在 5% 水平下显著，*** 表示在 1% 水平下显著（后同）。

3.4　小结

改革开放以来，我国城镇居民人均可支配收入和人均消费支出快速增长，但边际消费倾向和平均消费倾向都呈显著下降趋势，消费支出空间集聚程度呈显著上升趋势，使得城镇居民储蓄率整体处于上升的趋势。这些特征表明，研究居民消费支出，除了要考虑收入因素，还应考虑内部、外部习惯形成的影响。此外，相对于美国等发达国家，我国城镇居民工资收入—年龄曲线峰值出现较早，预期收入增长率随年龄增长而下降，因收入不确定性产生的预防性储蓄动机也必然会随年龄增长而加强。因此，研究居民消费支出，还应考虑流动性约束、预防性储蓄等因素的影响。

第4章 我国养老保险制度现状及对居民消费的作用机制

为了使后续章节构建的理论模型更符合我国实际，本章对我国养老保险制度实施现状进行描述性分析，包括制度模式、覆盖范围、基金筹集和养老金待遇等方面。同时，基于消费经济理论和扩大内需的消费视角，分析我国现行养老保险制度对城镇居民消费水平的影响机制及在扩大内需方面存在的问题。

4.1 我国基本养老保险制度实施现状

1997年7月，国务院发布《关于建立统一的企业职工基本养老保险制度的决定》（以下简称《建立养老保险决定》），标志着我国社会统筹与个人账户相结合的城镇职工基本养老保险制度正式建立。2005年12月，《国务院关于完善企业职工基本养老保险制度的决定》（以下简称《完善养老保险决定》），进一步明确了完善企业职工基本养老保险制度的指导思想、目标任务、政策措施和工作要求。经过20多年的持续发展，基本养老保险制度不断完善，覆盖范围不断扩大，基金支撑能力不断提高，保障能力不断增强。

4.1.1 制度模式

我国基本养老保险制度采用社会统筹和个人账户相结合的模式，

是我国首创的一种新型的基本养老保险制度。其中，社会统筹部分采取现收现付模式，资金主要来源于用人单位缴费；个人账户部分采取基金积累模式，资金全部由职工缴费形成。目前，基本养老保险制度基本实现了省级统筹，极大提高了基金调剂和抵御风险的能力。

4.1.2 覆盖范围

我国城镇职工基本养老保险制度的覆盖人群主要是城镇各类企业职工、个体工商户和灵活就业人员。近年来，基本养老保险制度覆盖面不断扩大。根据历年《中国统计年鉴》提供的城镇职工基本养老保险相关统计数据，我国参保的在职职工和离退休人员分别从 2000 年的 10 447.5 万人和 3 169.9 万人增加到 2020 年的 32 859 万人和 12 762 万人，年均增长率分别为 5.90% 和 7.21%；参保的在职职工占城镇就业人员比重从 2000 年的 45.13% 提高到 2020 年的 71.01%，年均增加 1.29 个百分点；参保总人数占城镇人口比重从 2000 年的 29.66% 提高到 2020 年的 50.58%，年均增加 1.05 个百分点。具体见图 4.1。

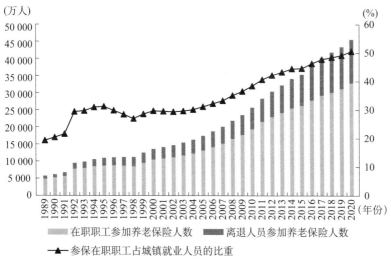

图 4.1　历年基本养老保险参保人数及覆盖率

4.1.3 基金筹集

我国基本养老保险基金主要由用人单位和个人缴费以及政府补贴等组成。根据《建立养老保险决定》，企业缴纳基本养老保险费的比例，一般不得超过企业工资总额的 20%（包括划入个人账户的部分）；个人缴纳基本养老保险费（以下简称"个人缴费"）的比例，1997 年不得低于本人缴费工资的 4%，1998 年起每两年提高 1 个百分点，最终达到本人缴费工资的 8%。2016 年 4 月，人力资源和社会保障部与财政部印发《关于阶段性降低社会保险费率的通知》，从 2016 年 5 月 1 日起，企业职工基本养老保险单位缴费比例超过 20% 的省（区、市），将单位缴费比例降至 20%；单位缴费比例为 20% 且 2015 年底企业职工基本养老保险基金累计结余可支付月数高于 9 个月的省（区、市），可以阶段性将单位缴费比例降低至 19%，降低费率的期限暂按两年执行。2018 年 4 月，人力资源和社会保障部与财政部印发《关于继续阶段性降低社会保险费率的通知》，企业职工基本养老保险可阶段性执行 19% 的单位缴费比例至 2019 年 4 月 30 日。2019 年 4 月 1 日，国务院办公厅印发《降低社会保险费率综合方案》，要求自 2019 年 5 月 1 日起职工养老保险单位缴费率降至 16%，城镇单位就业人员平均工资计算口径由城镇非私营单位就业人员平均工资调整为非私营和私营单位就业人员加权平均工资。

基本养老保险制度覆盖面不断扩大的同时，基金征缴能力也不断加强，基金收入从 2000 年的 2 278.47 亿元增加到 2019 年的 52 918.8 亿元，名义值年均增长 18%。受企业职工基本养老保险单位缴费比例下调的影响，2020 年基金收入有所下降，仅为 44 376 亿元，较 2019 年下降 16.14%（见图 4.2）。

2018 年 7 月，我国建立实施了基金中央调剂制度，适度均衡了省际之间养老保险基金负担，迈出了全国统筹的第一步。2018 年以来，企业职工基本养老保险基金中央调剂比例每年提高 0.5 个百分

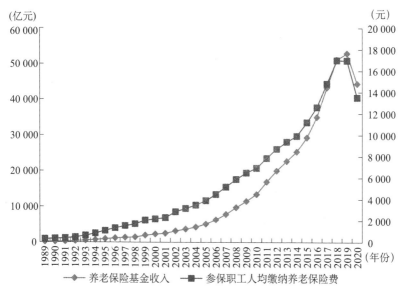

图 4.2 历年基本养老保险基金收入情况

点，基金调剂规模从 2018 年的 2 422 亿元逐渐增长到 2021 年 9 300 亿元，有力支持了困难省份确保养老金按时足额发放，见图 4.3。

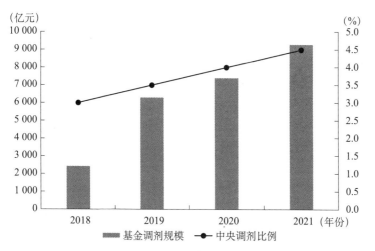

图 4.3 企业职工基本养老保险基金中央调剂情况

4.1.4　养老金待遇

参加养老保险的职工领取养老金必须符合两个条件：一是达到法定退休年龄，即男性 60 岁，女干部 55 岁，女工人 50 岁；二是缴费年限（含视同缴费年限）累计达到 15 年。根据《完善养老保险决定》，基本养老金由基础养老金和个人账户养老金组成。其中，基础养老金月标准以当地上年度在岗职工月平均工资和本人指数化月平均缴费工资的平均值为基数，缴费每满 1 年发给 1%；个人账户养老金月标准为个人账户储存额除以计发月数，计发月数根据职工退休时城镇人口平均预期寿命、本人退休年龄及利息等因素确定。

基本养老保险基金收入的持续快速增长，为养老金的按时足额发放提供了资金保障。基本养老金发放额从 2000 年的 2 115.48 亿元增加到 2020 年的 51 301 亿元，名义值年均增长 17.28%。参保离退休人员人均领取的养老金从 2000 年的 6 673.71 元增加到 2020年的 40 198.24 元，名义值年均增长 9.39%，见图 4.4。基本养老金发放额逐年增加，较好地保障了退休人员的基本生活。

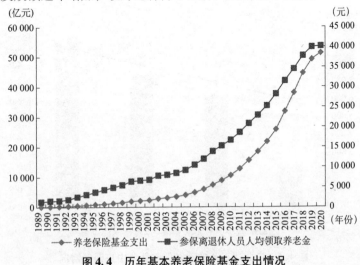

图 4.4　历年基本养老保险基金支出情况

4.2 养老保险制度影响我国居民消费的机制分析

养老保险制度的运行，对居民收入、消费支出及不确定性预期都将产生重要影响，因此理论上也将影响我国居民的消费行为。

4.2.1 财富替代效应和引致退休效应

费尔德斯坦（1974）基于生命周期假说认为养老保险对居民消费的影响主要体现在两个方面：财富替代效应（wealth replacement effect）和引致退休效应（induced retirement effect）。

1. 财富替代效应

对于参加养老保险的居民来说，工作时缴纳养老保险费，退休后领取养老保险金。养老保险制度实现了收入在代际间、生命周期间的再分配，因而影响到居民一生的资源价值和持久收入。生命周期假说认为，消费者的支出水平不仅取决于当期收入，还取决于持久收入和期初资产。理性的消费者，将合理预期持久收入水平，以判断参加养老保险是否有利可图。实际上，只要终身养老保险财富净值大于 0，参加养老保险就可以增加一生的资源财富，否则居民可以选择储蓄养老。因此，养老保险财富可以看成是储蓄的替代，养老保险的财富替代效应一般将促使居民减少储蓄、增加消费。

2. 引致退休效应

随着居民生活水平的提高，前瞻性消费者日趋重视闲暇和劳动的合理分配，即倾向选择合理的退休年龄。养老保险制度解决了人们的后顾之忧，保障了退休后的基本生活，一定程度上激励居民提前退休。由于养老金待遇与缴费水平、缴费年限挂钩，计划提前退休的居民在习惯行为支配下，必然增加储蓄以保证退休前后生活水平的延续性。因此，养老保险的引致退休效应将促使居民增加储蓄、减少消费。

4.2.2 风险规避效应

近年来，学术界更多选择预防性储蓄理论解释居民的消费行为。预防性储蓄理论认为，消费者的储蓄为未来各种不确定性环境提供保障，如收入的不确定性、寿命的不确定性及支出的不确定性。养老保险制度下，收入在生命周期间实现再分配，一定程度上平滑了居民的持久收入。同时，养老金给付多是政府行为，即使存在支付风险，居民也一般将其视为政府责任。因此，养老保险制度不仅平滑了居民收入还降低了收入不确定性（Magnussen，1994），一定程度上减少了居民的预防性储蓄。

对于未参保的居民，考虑寿命的不确定性（多数居民对自身寿命存在侥幸心理），必然会控制各期消费水平以满足更长预期寿命内的消费支出，因而对自身资产数量的减少极为敏感。对于参保居民来说，只要活着，养老金就可以一直领下去，无须考虑预期寿命对资产储备的要求。因此，从寿命不确定性角度来看，养老保险制度也将减少居民的预防性储蓄。

4.2.3 代际转移效应

现收现付制养老保险的主要特点就是考虑养老金在代际间的转移。由于不同年龄人群具有不同的边际消费倾向（Auerbach and Kotllkoff，1981），养老保险的代际转移也必将对居民总储蓄产生重要影响。实际上，由于消费习惯的支配，相对风险规避伴随着年龄的增长而降低，年轻人有更长期限适应冲击，即有更长时间来调整自己的生活习惯（Bovenberg，2011），这使年轻人消费的边际效用要明显高于老龄人（Borsch－Supan and Stahl，1991）。因此，养老保险的代际转移效应，一定程度上增加了居民总储蓄。

4.2.4 人口效应和人力资本效应

养老保险制度对居民消费的影响，还体现在影响人口出生率和人力资本形成这一间接途径上。人口特征，如年龄、家庭人口数、家庭人口结构等，是影响居民消费的重要因素。养老保险制度保障了退休后的基本生活，降低了对子女赡养的依赖。因此，养老保险制度在一定程度上对出生率存在负影响（Boldrin and Jones，2002；Manuelli and Seshadri，2007）。人口出生率的变化，将直接影响全社会老龄化程度和家庭人口结构，而人口老龄化将直接加剧养老金的支付压力。斯特尔（Stahl，1991）认为，随着家庭人口增多，额外支出的边际效用将提高。可见，若人口出生率下降，养老保险制度一定程度上将增加居民总储蓄。

波格（Pogue，1977）较早研究养老保险对人力资本的影响，认为养老保险财富与人力资本之间存在替代效应和补偿效应。其中，替代效应主要体现在养老金养老和子女养老之间的替代，居民可以选择缴纳养老保险费以获取退休后的养老金收入，否则将增加对子女的教育支出使其将来有足够的收入赡养自己；补偿效应主要体现在没有后顾之忧的居民将有更多资源以人力资本的形式储蓄。人力资本是影响经济增长和居民收入的重要因素。因此，养老保险对人力资本的影响，将进一步影响到居民储蓄。

4.3 基于扩大消费视角对我国养老保险制度存在问题分析

4.3.1 养老金支付压力加大居民对不确定性的预期

养老保险制度的实施，一定程度上降低了我国的人口出生率。

自 1997 年基本养老保险制度正式实施以来，我国人口出生率呈显著下降趋势，从 1997 年的 16.57‰逐渐下降到 2020 年的 8.52‰，与基本养老保险覆盖率（参保职工占城镇就业人数的百分比）的走势呈现显著的负相关关系，见图 4.5。从分省数据来看，各地区基本养老保险覆盖率与地区人口出生率同样呈现负相关关系，以 2010 年和 2019 年为例，分别见图 4.6 和图 4.7。如前所述，人口出生率的下降，将直接导致人口老龄化问题。

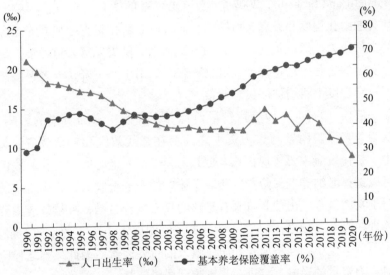

图 4.5　基本养老保险覆盖率与人口出生率时序图

目前，老龄化是我国面临的最大社会和经济挑战。我国 65 岁及以上人口占总人口比重从 1990 年 5.57% 逐渐上升到 2020 年的 13.50%。根据联合国发布的《世界人口展望（2019 年修订版）》，预计到 2030 年和 2050 年，我国 65 岁及以上人口占总人口比例将分别达到 16.87% 与 26.07%。国际上，一般认为一个国家 65 岁及以上人口占总人口的比例达到 7% 时，即意味着这个国家处于老龄化社会。可见，我国已进入老龄化社会，并且老龄化速度还在加快。

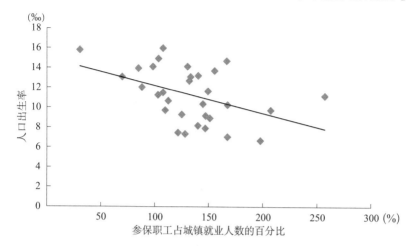

图 4.6 2010 年分省养老保险覆盖率与人口出生率散点图

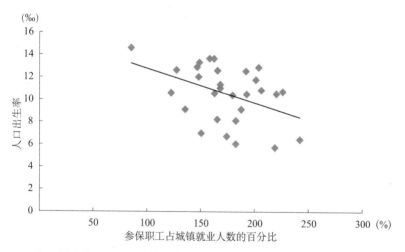

图 4.7 2019 年分省养老保险覆盖率与人口出生率散点图

现收现付制养老保险，最主要的特点就是当代在职人员赡养当代退休人员。老龄化的冲击，将使现收现付制养老保险面临支付危机。我国实行社会统筹与个人账户相结合的基本养老保险制度，但由于养老金"空账"问题，使其本质上仍然是现收现付制度。根据中国社科院发布的《中国养老金发展报告 2016》，2015 年我国城镇职工养老金个人账户"空账"规模高达 47 144 亿元，比 2005 年 8 000 亿的规模高出 3.9 万个亿，年均增速 19.4%。高培勇、汪德华（2011）认为，2050 年当年养老金缺口占 GDP 的比重将为 6.8% ~ 8.24%，累积资金缺口占 GDP 的比重为 95% ~ 122%。根据财政部公布的信息，我国养老第一支柱——基本养老金缺口从 2013 年的 1 540 亿元增长到 2021 年的 7 000 亿元，年均增长 20.84%①。2020 年 11 月，中国保险行业协会发布《中国养老金第三支柱研究报告》，预计未来 5 ~ 10 年中国会有 8 万 ~ 10 万亿元的养老金缺口，而且这个缺口会随着时间的推移进一步扩大。我国主要年份养老金"空账"规模见表 4.1。

表 4.1　　　　我国主要年份的养老金"空账"规模

年份	"空账"规模	资料来源
1998	450 亿元	姜和毅：《基本养老保险个人账户"空账"做实的一些思考》
1999	1 000 亿元	姜和毅：《基本养老保险个人账户"空账"做实的一些思考》
2000	2 000 亿元	姜和毅：《基本养老保险个人账户"空账"做实的一些思考》
2004	7 400 亿元	郑秉文 2010 年 7 月 14 日在中国和拉美养老金制度国际研讨会上讲话
2005	8 000 亿元	全国老龄委：《中国人口老龄化发展趋势预测研究报告》②
2006	9 000 亿元	陈良 2007 年 8 月 28 日在瑞士人寿亚太区年会上讲话③
2007	1.1 万亿元	楼继伟 2014 年 12 月 28 日在中国社会科学院社会保障国际论坛上讲话④

① 子非鱼. 个人养老金终于来了［EB/OL］.［2022 - 11 - 05］. https：// www. 163. com/dy/article/HLDID49T0519ICVN. html.

② 吴玉蓉. 中国养老金空账已达 8 000 亿　养老服务成最大挑战［EB/OL］.［2006 - 12 -13］. https：//news. sina. com. cn/c/2006 - 12 - 13/040010750693s. shtml.

③ 金文建. 养老金空账逾 9 000 亿元　政府将选择专业机构管理［EB/OL］.［2008 - 08 - 12］. http：//finance. cctv. com/20070828/102912. shtml.

④ 孙武. 3.1 万亿养老金空账怎么补　财政部部长楼继伟力挺名义账户制［EB/ OL］.［2014 -12 -29］. https：//www. guancha. cn/economy/2014_ 12_ 29_ 304699. shtml.

续表

年份	"空账"规模	资料来源
2009	1.3 万亿元	郑秉文 2010 年 7 月 14 日在中国和拉美养老金制度国际研讨会上讲话①
2010	1.76 万亿元	郑秉文:《中国养老金发展报告 2012》
2011	2.22 万亿元	郑秉文:《中国养老金发展报告 2012》
2012	2.6 万亿元	郑秉文:《中国养老金发展报告 2013》
2013	3.1 万亿元	郑秉文:《中国养老金发展报告 2014》
2014	3.5 万亿元	郑秉文:《中国养老金发展报告 2015》
2015	4.7 万亿元	郑秉文:《中国养老金发展报告 2016》

养老金缺口越来越大,不仅加大养老金未来的支付风险,也使调低养老金替代率或延迟退休年龄成为大势所趋。因此,老龄化冲击将加剧居民对退休后收入不确定性的预期,也将降低居民对养老金财富收入的预期,使现行的养老保险制度一定程度上抑制了居民的消费支出。

4.3.2 养老保险降低家户人口规模和平均消费倾向

人口出生率的下降,带来的另一个问题就是家户人口规模减少。根据历年人口抽样调查数据可知,我国家户平均人口数从 2000 年的 3.44 人/户逐渐下降到 2020 年的 2.62 人/户,见图 4.8。根据第六次、第七次全国人口普查数据可以发现,养老保险参保人数占地区城镇人口的百分比与城镇家户平均人口数呈负相关关系,见图 4.9 和图 4.10。

家户人口规模下降,额外支出的边际效用将下降。由图 4.11可知,2000 年以来城镇家户人口规模与城镇居民家庭平均消费倾

---

① 孙瑞灼.1.3 万亿养老金"空账"不能是笔"糊涂账"[J].上海企业,2010(8):40.

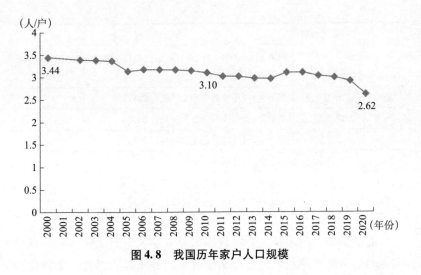

图 4.8 我国历年家户人口规模

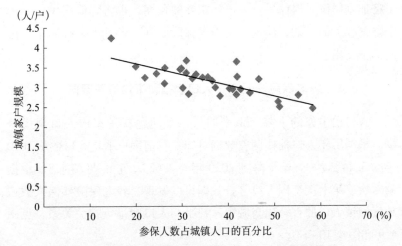

图 4.9 2010 年分省养老保险覆盖情况与家户规模散点图

向（城镇居民家庭平均每人生活消费支出与家庭平均每人可支配收入的比值）呈现显著的正相关性。可见，家户规模减小，一定程度上抑制了居民的消费支出。

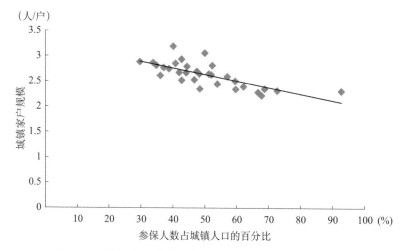

图 4.10　2020 年分省养老保险覆盖情况与家户规模散点图

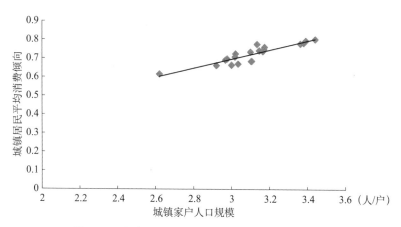

图 4.11　家户规模与城镇居民平均消费倾向散点图

4.3.3　养老保险多轨制运行进一步扩大了居民收入差距

多年来，我国机关、事业单位和企业职工一直执行不同的退休养老政策，即养老保险存在多轨制运行的特点。在养老基金收支方面，2015 年前机关和事业单位人员无须缴纳社保基金，其退休金由国家统一从财政支付，公务员和事业单位工作人员可领取退休前基本工资的80%~90%；企业职工需缴纳社保基金，然而所领取的养老金远远低于机关和事业单位的退休金[①]。褚福灵（2012）指出，2011年中国企业养老金替代率为42.9%，低于国际警戒线（50%）[②]。企业职工养老金替代率低，要维持退休前生活水平的话，就必须在工作时期增加储蓄。

由于机关和事业单位在岗职工的养老金替代率非常高，工资水平又明显高于企业职工（见表4.2和表4.3），使得机关、事业单位职工与企业职工的退休金差距日趋扩大。因此，从全社会角度来看，养老金多轨制运行不能体现制度的公平，也进一步扩大了居民收入差距。由于高收入群体平均消费倾向较低，收入差距扩大将降低整个社会的平均消费倾向。同时，高收入群体对地位性商品（如住房、汽车及珠宝等）的消费或投资，在促进这些商品价格和品质不断提升的同时，也不断刺激其他收入群体的攀比性消费心理。中/低收入群体为了购买地位性商品，更多依靠减少非地位性商品的消费支出。

表 4.2　　　　　　　历年在岗职工平均工资情况　　　　　　单位：元

年份	平均工资	企业	事业单位	机关
1997	6 470	6 322	6 867	6 990
1998	7 479	7 405	7 620	7 740
1999	8 346	8 168	8 665	8 925
2000	9 371	9 189	9 634	10 020
2001	10 870	10 453	11 491	12 125
2002	12 422	11 873	13 246	14 005
2003	14 040	13 578	14 564	15 736
2004	16 024	15 559	16 489	17 869

---

① 余丰慧. 养老金替代率破警戒线威胁老有所养 [EB/OL]. [2013－11－01]. http：//finance. sina. com. cn/zl/bank/20131101/113117193731. shtml? from = wap
② 李想，我国企业职工养老金替代率下降低于国际警戒水平 [EB/OL]. [2012－09－14]. http：//gongyi. china. com. cn/2012－09/14/content_ 5334702. htm.

续表

年份	平均工资	企业	事业单位	机关
2005	18 364	17 853	18 720	20 828
2006	21 001	20 555	21 259	23 360
2007	24 932	24 046	25 805	28 763
2008	29 229	28 359	29 758	33 869
2009	32 736	31 622	34 053	37 397
2010	37 147	36 256	38 411	40 512
2011	42 452	42 020	43 254	44 303
2012	47 593	47 284	48 426	48 513
2013	52 388	52 270	53 291	51 894
2014	57 361	57 359	58 125	55 939
2015	63 241	61 904	67 828	65 829
2016	68 993	66 580	76 216	75 124
2017	76 121	72 703	85 450	85 304
2018	84 744	81 065	94 688	94 259
2019	93 383	89 505	105 845	101 554

资料来源：《中国人力资源与社会保障统计年鉴（2020）》，中国劳动社会保障出版社、中国人事出版社 2020 年版。

表 4.3　机关和事业单位离退休人员离退休费计发办法

机关工作人员 （按职务工资和级别工资）		事业单位工作人员 （按基础工资和岗位工资）	
工龄	待遇比例	工龄	待遇比例
不满 10 年	40%	不满 10 年	50%
10～20 年	60%	10～20 年	70%
20～30 年	75%	20～30 年	80%
30～35 年	82%	30～35 年	85%
35 年以上	90%	35 年以上	90%

资料来源：《关于机关事业单位离退休人员计发离退休费等问题的实施办法》（国人部发〔2006〕60 号）。

2015年1月3日，《国务院关于机关事业单位工作人员养老保险制度改革的决定》发布，机关事业单位和企业职工养老金正式并轨。然而，多个地区随即于2016年将上调机关事业单位工资水平提上日程，如河南、山西等地。由表4.2可知，2016—2019年事业单位、机关在岗职工平均工资年均增速分别为11.77%和11.45%，而企业在岗职工平均工资年均增速仅为9.66%。因此，养老金并轨能否有效缩小收入差距，目前尚无定论。但截至目前，可以认为养老保险多轨制运行是扩大居民收入差距的重要原因，收入差距扩大增加了居民总储蓄。

4.3.4　过高的缴费比例影响了职工工资的增长

我国的养老保险基金主要由用人单位和个人缴费组成，2019年5月前用人单位缴费比例为20%，5月后用人单位缴费比例降至16%；个人按照缴费基数的8%缴纳。国际劳工组织规定企业养老保险缴费占员工工资总额的比重（养老金贡献率）不能超过25%。世界上多数国家养老金贡献率也都在25%以下，如2020年经济合作与发展组织（OECD）国家的养老金贡献率平均水平为18.8%，其中，个人贡献率平均值为7.5%，企业贡献率平均值为11.3%，见表4.4。

表4.4　　**2020年OECD国家公共养老金贡献率和替代率**　　　单位:%

OECD 国家	养老金贡献率			养老金替代率
	员工	雇主	合计	
澳大利亚	–	–		31.3
奥地利	10.25	12.55	22.8	74.1
比利时	7.5	8.9	16.4	43.4
加拿大	5.25	5.25	10.5	38.8
智利				31.2

续表

OECD 国家	养老金贡献率			养老金替代率
	员工	雇主	合计	
捷克	6.5	21.5	28	49.0
丹麦	–	–		80.0
爱沙尼亚	0	20	20	27.9
芬兰	7.15	15.2	22.35	56.6
法国	11.3	16.5	27.8	60.2
德国	9.3	9.3	18.6	41.5
希腊	6.7	19.8	26.5	72.6
匈牙利	10	11.8	21.8	62.5
冰岛	0	6.35	6.35	51.8
爱尔兰	4	11.05	15.05	29.7
以色列	7	7.6	14.6	41.5
意大利	9.19	23.81	33	74.6
日本	9.15	9.15	18.3	32.4
韩国	4.5	4.5	9	31.2
拉脱维亚	10	10	20	43.4
立陶宛	8.72	0	8.72	19.7
卢森堡	8	8	16	76.6
墨西哥	–	–		61.2
荷兰	18	0	18	69.7
新西兰	/	/		39.8
挪威	8.2	13	21.2	46
波兰	9.8	9.8	19.6	30.6
葡萄牙	7.2	15.5	22.7	74.9
斯洛伐克	4	18.8	22.8	53.1

续表

OECD 国家	养老金贡献率			养老金替代率
	员工	雇主	合计	
斯洛文尼亚	15.5	8.85	24.35	42
西班牙	4.7	23.6	28.3	73.9
瑞典	7	10.8	17.8	53.3
瑞士	4.2	4.2	8.4	44.1
土耳其	9	11	20	73.3
英国	12	13.8	25.8	49
美国	5.3	5.3	10.6	39.2
均值	7.5	11.3	18.8	51.8
中国	8	20	28	71.6

注：-表示该国仅有私人养老金贡献体制;/表示该国无须缴纳养老保险费；养老金替代率为平均收入水平者的养老金替代率。

资料来源：OECD（2021），Pensions at a Glance 2021：OECD and G20 Indicators，OECD Publishing.

可见，我国养老保险缴费水平明显高于世界上绝大多数国家或地区。过高的缴费基数和缴费比例，不仅增加了企业的负担，也影响了职工工资的增长。如图 4.12 和图 4.13 所示，我国 31 个省区市（不含港澳台）城镇单位在岗职工平均工资与基本养老保险制度赡养率（养老保险参保离退休人数与参保职工人数的比值）呈现明显的负相关关系。收入水平是影响消费支出的最主要因素，较低的工资水平也必然制约居民消费需求的扩大和消费层次的提升。

4.3.5　统筹层次低使地区经济差距进一步扩大

由于各地区经济发展不平衡，我国基本养老保险在各区域的发展差距也很明显，主要体现在养老保险覆盖率和养老金财务状况两个方面。由表 4.5 可知，2020 年北京、天津和上海等地区的养老保险覆盖率（参保职工占城镇就业人数的比例）都在 90% 以上，北

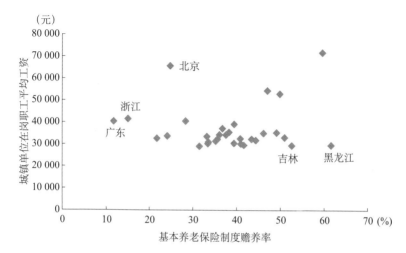

图 4.12　2010 年我国各地区养老保险赡养率与职工工资水平

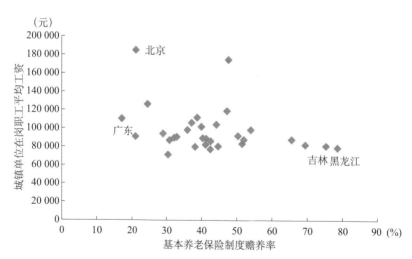

图 4.13　2020 年我国各地区养老保险赡养率与职工工资水平

京的参保比例更是达到了 144.051%（主要是由于大量非城镇就业人员参加了城镇职工基本养老保险），而广西和云南等地区的养老保险覆盖率都在 50% 以下。养老保险基金收支比方面，广东和北京等地区 2020 年的基金收支比都大于 1，而辽宁省基金收支比仅为 0.7，即出现了养老保险基金当年收不抵支。

表 4.5　2020 年各地区养老保险覆盖率和养老保险基金收支比

地区	养老保险覆盖率（%）	养老保险基金收支比	地区	养老保险覆盖率（%）	养老保险基金收支比
北京	144.051	1.106	福建	67.045	0.890
天津	92.281	0.805	河南	66.541	0.866
上海	91.090	0.683	山西	65.338	0.862
黑龙江	85.627	0.727	湖南	65.318	1.001
浙江	83.989	0.702	青海	64.535	0.850
辽宁	81.651	0.700	江西	62.247	0.880
宁夏	77.977	0.916	湖北	61.317	0.894
广东	76.817	1.164	内蒙古	60.536	0.785
四川	75.636	0.857	河北	59.924	0.850
江苏	74.502	0.846	西藏	57.795	1.118
海南	72.660	0.887	贵州	56.654	0.977
陕西	71.639	0.953	甘肃	51.744	0.832
重庆	71.045	0.936	安徽	51.055	0.963
新疆	70.956	1.004	广西	48.163	0.879
吉林	70.385	0.758	云南	39.921	1.019
山东	68.504	0.788	全国	71.014	0.865

资料来源：根据《中国统计年鉴 2021》数据整理而得。

　　由于养老保险实行地区统筹，养老保险基金则无法在各区域内调剂，养老保险区域发展失衡问题在短期内很难有效解决。养老保险的失衡发展，对经济社会产生了重要影响：一方面，推动了劳动力向社会保障制度更完善、经济发展水平更高的区域流动。郑秉文（2012）认为劳动力大规模跨区域流动对各省城镇职工基本养老保险制度赡养率将产生较大影响，对经济较发达的人口输入省来说，外来工作人口不仅增加了当地的劳动供给，还增加了制度的缴费收入，提高了人口输入省养老保险制度的财务支付能力。因此，劳动力区域流动又加剧了地区养老保险发展水平的失衡。另一方面，养老保险的人力资本效应使各地区家庭教育支出水平的差异化明显。由图 4.14 可知，2020 年各地区养老保险覆盖率与城镇居民人均消费性支出中教育文化娱乐支出占比呈现显著的负相关关系。教育是人力资本形成的主要渠道，而人力资本是现代经济增长的重要因素。可见，养老保险的区域失衡，拉大了人力资本的区域差距，这将使地区间经济发展差距进一步拉大。

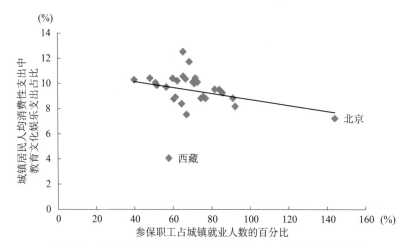

图 4.14　2020 年各地区养老保险覆盖率与家庭教育支出散点图

因此，若不提升养老保险的统筹层次，养老保险和区域经济水平的失衡发展将相互推进、恶性循环（郑秉文，2012）。地区经济发展失衡，直接体现是区域收入差距拉大。收入差距对低收入或年轻家庭的消费抑制更加明显，但能刺激教育投资的上升（金烨、李宏彬等，2011）。因此，养老保险的区域发展不平衡，一定程度上抑制了居民的消费支出。

4.4　小结

本章对我国基本养老保险制度的实施现状进行了描述性分析，并重点分析我国现行养老保险制度对城镇居民消费支出的影响机制，分析结论为后续章节研究养老保险制度影响居民消费问题的理论模型构建提供了现实依据。本章认为，养老保险制度对居民消费的影响是复杂的，财富替代效应、风险规避效应、代际转移效应、人口效应和人力资本效应共存，单一角度分析很难度量其影响效果。

第 5 章　养老保险制度影响我国居民消费的数理分析

本章分别从局部均衡和一般均衡角度构建数理模型分析养老保险制度对居民消费的影响机制。其中，消费决定的局部均衡模型，循序渐进地引入人口特征变量、预防性储蓄、习惯形成和流动性约束等；一般均衡模型，进一步考虑消费（外部性）、收入预期、教育投资及养老保险之间的关联性。

5.1　养老保险制度对居民消费影响的局部均衡模型分析

5.1.1　基本假定和主要符号

1. 基本假定

（1）代表性消费者。代表性消费者的起始工作年龄为 τ；退休年龄为 R；寿命为 T，生命结束时消费掉所有资源（不考虑遗产问题）。其中，退休年龄和寿命都为确定值，不考虑提前退休和寿命不确定性问题。

（2）偏好。不考虑消费习惯时，偏好跨期可加，且受年龄、家庭人口数及家庭人口结构等人口特征变量的影响。考虑消费习惯时，效用不仅取决于当期的消费水平，还取决于之前各个时期的消费水平。

（3）养老保险。养老保险主体为政府财政兜底的现收现付制度。参加养老保险的代表性消费者在工作期缴纳养老保险费 b；在退休期领取养老金 p。其中，养老保险费为工资水平的固定比例（不分单位和个人缴纳），养老金水平取决于全社会平均工资水平、个人账户储存额和养老保险制度赡养率。

2. 主要符号

α：习惯形成强度

β：时间贴现因子

ρ：时间偏好率

τ：起始工作年龄

u：效用

κ：相对风险规避系数

λ：拉格朗日乘子

b：养老保险费支出

p：养老金收入

y：可支配收入

w：工资收入

r：利率

A：资产

R：退休年龄

T：寿命

L：滞后算子

F：领先算子

Δ：差分算子

Ψ：品位变换因子（taste-shifter）

HW：人力财富

DIW：可支配收入财富

SSW：养老保险财富

5.1.2   生命周期假说、养老保险与居民消费

基于莫迪利安尼（1954）的生命周期假说和荷尔（Hall，1978）的随机游走假说，假定：①效用函数为时间可加的，且 $u' > 0$，$u'' < 0$；②消费者是理性的，并根据效用最大化原则合理安排一生的消费和储蓄；③人口特征变量影响消费效用。则年龄为 t 的理性消费者在 t 时刻的跨期消费选择问题可以表述为：

$$max \, E_t \sum_{i=0}^{T-t} \beta^i u(c_{t+i}; \Psi_{t+i}) \tag{5.1}$$

$$s.t. \, A_{t+1} = (1 + r_t) A_t - c_t + y_t \tag{5.2}$$

$$y_t = \begin{cases} w_t - b_t & t < R, insured \\ w_t & t < R, notinsured \\ p_t & t \geq R, insured \\ 0 & t \geq R, notinsured \end{cases} \tag{5.3}$$

其中，Ψ_t 为品位变换因子，指影响消费效用的其他人口统计量，如年龄、家庭人口数、家庭人口结构等；β 为时间贴现因子；w_t 表示工资收入；c_t 和 y_t 分别表示消费支出和可支配收入（假定消费和收入行为都发生在 t 期期末）；A_t 表示期初资产；r 表示利率；b 和 p 分别表示养老保险费支出和养老金收入；R 为退休年龄；T 为寿命；*insured* 表示代表性消费者参加了养老保险，*notinsured* 表示代表性消费者没有参加养老保险。

根据贝尔曼（Bellman，1957）的动态规划理论，定义价值函数 $V(A_t)$ 为最优路径消费的期望效用总现值：

$$V(A_t) = \max E_t \sum_{i=0}^{T-t} \beta^i u(c_{t+i}; \Psi_{t+i}) \tag{5.4}$$

则可构建贝尔曼方程（Bellman functional equation）：

$$V(A_t) = \max\{u(c_t; \Psi_t) + E_t\beta V[(1 + r_t) A_t - c_t + y_t]\} \quad (5.5)$$

其中，控制变量为 c_t；状态变量为 A_t。

根据包络定理（envelope theorem），贝尔曼方程（5.5）对状态变量 A_t 求导，可得：

$$V'(A_t) = E_t\beta(1 + r_t) V'(A_{t+1}) \quad (5.6)$$

根据一阶条件（the first-order necessary condition，FOC），贝尔曼方程（5.5）对控制变量 c_t 求导，可得：

$$u'(c_t; \Psi_t) = E_t\beta V'(A_{t+1}) \quad (5.7)$$

根据式（5.6）和式（5.7），则有：

$$V'(A_t) = (1 + r_t)u'(c_t; \Psi_t) \quad (5.8)$$

将式（5.8）更换为 $t + 1$ 期，并代入式（5.6），可得欧拉方程（Euler equation）：

$$u'(c_t; \Psi_t) = E_t\beta(1 + r_{t+1}) u'(c_{t+1}; \Psi_{t+1}) \quad (5.9)$$

欧拉方程是理解动态消费行为的重要工具：最优路径下，消费者在 t 时刻消费 1 单位商品产生的边际效用和将其储蓄以便在 $t + 1$ 时刻消费 $(1 + r)$ 单位商品产生的边际效用是相等的。

基于荷尔（1978）提出的二次效用函数，本书设定包含人口特征变量的二次效用函数如下：

$$u(c_t; \Psi_t) = -\frac{1}{2} \Psi_t (\bar{c} - c_t)^2 \quad (5.10)$$

其中，$\bar{c}$ 表示消费饱和水平（saturation level），则有：

$$u'(c_t; \Psi_t) = \Psi_t(\bar{c} - c_t) \quad (5.11)$$

则欧拉方程（5.9）可以表示为：

$$\Psi_t(\bar{c} - c_t) = E_t\beta(1 + r_{t+1}) \Psi_{t+1}(\bar{c} - c_{t+1}) \quad (5.12)$$

假定人口统计量外生，且 $\beta(1 + r) = 1$，可得消费的动态路径为：

$$E_t c_{t+1} = \frac{\Psi_t}{\Psi_{t+1}} c_t + \left(1 - \frac{\Psi_t}{\Psi_{t+1}}\right) \bar{c} \tag{5.13}$$

可见，不考虑人口特征或假定品位变换因子不随人口特征变量变化而变化时，式（5.13）可以简化为：

$$E_t c_{t+1} = c_t \tag{5.14}$$

这就是著名的随机游走假说（Hall，1978），认为消费遵循鞅（Martingale）过程，消费变化是不可预测的。

对式（5.13）进行迭代，可知未来各期的消费预期为：

$$E_t c_{t+i} = \frac{\Psi_t}{\Psi_{t+i}} c_t + \left(1 - \frac{\Psi_t}{\Psi_{t+i}}\right) \bar{c} \tag{5.15}$$

为了得到各期消费的闭合解（the closed form results），计算预期消费支出在 t 期期初的总现值为：

$$(1+r)^{-1} \sum_{i=0}^{T-t} (1+r)^{-i} E_t c_{t+i} = (1+r)^{-1} \sum_{i=0}^{T-t} (1+r)^{-i} \left[\frac{\Psi_t}{\Psi_{t+i}} (c_t - \bar{c}) + \bar{c} \right] \tag{5.16}$$

根据约束条件（5.2），可得跨期约束条件：

$$(1+r)^{-1} \sum_{i=0}^{T-t} (1+r)^{-i} E_t c_{t+i}$$

$$= A_t + (1+r)^{-1} \sum_{i=0}^{T-t} (1+r)^{-i} E_t y_{t+i} = A_t + HW_t \tag{5.17}$$

其中，HW 为人力财富（human wealth），即预期未来收入的总现值，包含工作期的可支配收入财富（disposable income wealth，DIW）和退休期的养老保险财富（social security wealth，SSW）：

$$DIW_t = \frac{1}{1+r} \sum_{i=0}^{R-t-1} \left(\frac{1}{1+r}\right)^i E_t y_{t+i} \tag{5.18}$$

$$SSW_t = \frac{1}{1+r} \sum_{i=R-t}^{T-t} \left(\frac{1}{1+r}\right)^i E_t p_{t+i} \tag{5.19}$$

将式（5.16）代入跨期约束条件（5.17），可得：

$$\sum_{i=0}^{T-t} \frac{\Psi_t}{\Psi_{t+i}} (1+r)^{-i} (c_t - \bar{c}) + \bar{c} \sum_{i=0}^{T-t} (1+r)^{-i} = (1+r)(A_t + HW_t)$$

$$(5.20)$$

则生命周期假说下消费函数可表示为：

$$c_t = \bar{c} - \Big[\sum_{i=0}^{T-t} \frac{\Psi_t}{(1+r)^i \Psi_{t+i}} \Big]^{-1} \frac{(1+r)}{r} \bar{c}$$

$$+ \Big[\sum_{i=0}^{T-t} \frac{\Psi_t}{(1+r)^i \Psi_{t+i}} \Big]^{-1} (1+r)(A_t + HW_t) \quad (5.21)$$

泽兹（Zelds，1989）采用年龄 t 的二次函数来度量 Ψ_t，认为其随着年龄增大，呈现先增加后降低的变化模式。斯特尔（1991）认为家庭人口数随着代表性消费者年龄的增加而先增多后减少，家庭额外支出的边际效用也呈现先提高后降低的变化模式。考虑我国居民家庭观念较强，隔代亲现象较为明显，并且为了简化问题分析，本书假定品位变换因子随年龄增加而呈单方向的递增或递减趋势，即假定 $\Psi_{t+1}/\Psi_t = \psi$。其中，ψ 反映人口特征变量的年均发展速度，则 $(\psi - 1)$ 为人口特征变量年均增长速度。式（5.21）可以简化为：

$$c_t = \bar{c} - \Big[\sum_{i=0}^{T-t} \frac{1}{(1+r)^i \psi^i} \Big]^{-1} \frac{(1+r)}{r} \bar{c}$$

$$+ \Big[\sum_{i=0}^{T-t} \frac{1}{(1+r)^i \psi^i} \Big]^{-1} (1+r)(A_t + HW_t) \quad (5.22)$$

可见，代表性消费者的消费水平主要取决于影响消费效用的人口特征变量、财富存量、预期收入财富及各因素之间的交互作用。其中，交互作用对居民消费有显著影响，凯莉和施密特（Kelly and Schmidt，1996）、杨继军和张二震（2013）也有类似的观点。

根据《完善养老保险决定》规定的养老金发放标准，可假定养老金发放标准为上期工资水平一定比例与养老金账户余额一定比例之和（不考虑过渡性养老金）：

$$p_t = k_1 w_{t-1} + k_2 AB_t, \ t \geq R \quad (5.23)$$

$$AB_t = \left[\sum_{i=0}^{R-1-\tau} (1+r)^{t-1-\tau-i} b_{\tau+i} \right] - \sum_{j=0}^{t-R} (1+r)^{t-R-j} p_{R+j} , t \geq R$$

$$(5.24)$$

其中，k_1 为上期工资水平的比例系数，取决于缴费年限；k_2 为养老金账户余额的比例系数，取决于预期寿命、利息及养老保险制度赡养率等；AB 为养老金账户余额。

假定工资和可支配收入预期增长率都为 g ，养老保险费为工资水平的固定比例，则有：

$$HWW_t = \frac{1}{1+r} \sum_{i=0}^{R-t-1} \left(\frac{1}{1+r} \right)^i E_t y_t (1+g)^i = \frac{y_t}{1+r} \sum_{i=0}^{R-t-1} \left(\frac{1+g}{1+r} \right)^i$$

$$(5.25)$$

$$SSW_t = \frac{1}{1+r} \sum_{i=R-t}^{T-t} \left(\frac{1}{1+r} \right)^i E_t (k_1 w_{t+i-1} + k_2 A B_{t+i}) \quad (5.26)$$

可见，HWW 主要受年龄、工资水平及预期增长率、预期寿命和养老保险赡养率等因素的影响。自费尔德斯坦（1974）研究养老保险影响居民消费问题以来，学术界对于相关问题的讨论有很大篇幅集中在 SSW 的计算和数据类型的选择上。由式（5.25）和式（5.26）可知，SSW 和收入 y 可能会产生严重的多重共线性问题。对此，费尔德斯坦（1978）也认为多重共线性问题可能会影响 SSW 系数的估计结果。因此，本书不再采用费尔德斯坦（1974）的研究思路，而是基于影响路径、影响机制分析养老保险相关参数和发展水平对居民消费的影响情况。

生命周期假说下，养老保险制度将通过影响人力财富 HW 和人口统计量 Ψ 两个途径影响居民消费。假定代表性消费者的起始工作年龄为 30 岁、退休年龄为 60 岁、寿命为 75 岁，第一年工资收入为 1，则给定表 5.1 中的相关参数，可模拟出生命周期假说下的消费路径（忽略 $\bar{c}$ ），见图 5.1。可见，养老保险制度的实施，若使 Ψ > 1，则消费者倾向于工作初期消费水平较高，退休阶段消费水平较低；若养老金水平取决于即期平均工资水平，且终身养老保险财富净值大于 0，则消费者在整个生命周期内特别是退休阶段都呈现较高消费水平。

表 5.1　　　　　　　生命周期假说下相关参数假定

参数	情形 1	情形 2	情形 3	情形 4
利率	0.03	0.03	0.03	0.03
时间偏好率	0.03	0.03	0.03	0.03
收入增长率（%）	5.00	5.00	5.00	5.00
养老保险贡献率（%）	0.00	0.00	0.00	28.00
养老保险替代率（%）	0.00	0.00	0.00	60.00
人口特征变量发展速度（%）	1.00	103.00	99.70	99.70

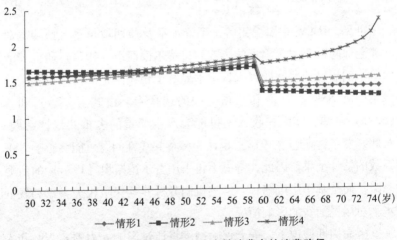

图 5.1　生命周期假说下代表性消费者的消费路径

5.1.3　预防性储蓄、养老保险与居民消费

目前，更多学者认为预防性储蓄动机增强是导致我国居民消费需求不足的重要原因，如易行健（2008）、杭斌（2009）、李伊

（2013）、袁冬梅（2014）等。桑德莫（Sandmo，1970）认为预防性储蓄对应边际效用函数凸性。因此，本书进一步假定效用函数三阶导数大于 0，即 $u''' > 0$。此时，年龄为 t 的理性消费者在 t 时刻的效用最大化问题同样可以用式（5.1）、式（5.2）和式（5.3）表述。

根据戴南（1993）、泽兹（1989）、李和译田（Lee and Sawada，2007）的研究成果，本书假定效用函数为常相对风险厌恶效用函数：

$$u(c_t; \Psi_t) = \exp(\Psi_t)\frac{c_t^{1-\kappa}}{1-\kappa} \quad (5.27)$$

其中，$\kappa = -\dfrac{u''(c;\Psi)}{u'(c;\Psi)} \cdot c$，表示相对风险规避系数（the coefficient of relative risk aversion，CRRA），若 $\kappa > 0$，表示消费者是风险规避的（risk aversion）；若 $\kappa = 0$，表示消费者是风险中立的（risk neutrality）；若 $\kappa < 0$，表示消费者是风险偏好的（risk preferring）。本书假定我国居民是风险规避型的，κ 值越大，消费者对风险的厌恶程度越高。将效用函数（5.27）带入欧拉方程（5.9），则有：

$$1 = E_t\left[\beta(1 + r_{t+1})\frac{\exp(\Psi_{t+1})}{\exp(\Psi_t)}\frac{c_{t+1}^{-\kappa}}{c_t^{-\kappa}}\right] \quad (5.28)$$

$$1 = E_t\{\exp[(r_{t+1} - \rho) + \Delta\Psi_{t+1} - \kappa\Delta\ln c_{t+1}]\} \quad (5.29)$$

其中，ρ 为时间偏好率，$(1+\rho)^{-1} = \beta$，$\ln\beta(1 + r_{t+1}) \approx r_{t+1} - \rho$。

根据对数正态分布性质"如果 $x \sim N[E(x), \sigma^2]$，则有 $E(e^x) = e^{E(x)+\sigma^2/2}$"，若利率 r 和人口统计量 Ψ 为外生变量，且假定 $\Delta\ln c_{t+1}$ 服从方差为 σ_{t+1}^2 的正态分布，则式（5.29）可以写为：

$$1 = \exp\left[(r_{t+1} - \rho) + \Delta\Psi_{t+1} - \kappa E_t\Delta\ln c_{t+1} + \frac{\kappa^2}{2}\sigma_{t+1}^2\right] \quad (5.30)$$

则预防性储蓄理论下的消费动态路径为：

$$\Delta\ln c_{t+1} \approx \frac{1}{\kappa}(r - \rho) + \frac{1}{\kappa}\Delta\Psi_{t+1} + \frac{\kappa}{2}\sigma_{t+1}^2 + \varepsilon_{t+1} \quad (5.31)$$

其中，ε 为随机扰动项；σ_{t+1}^2 度量了不确定性。卡罗尔（1991）

认为任何有助于预测未来消费变化的变量，比如收入、当前资产等，同时也可以用来预测未来消费增长率的变化。由于不确定性的存在，消费者更期望延迟消费，以获得额外追加的消费增长。因此，式（5.31）一般被看作是带有预防性储蓄的消费模型。

CRRA 效用函数的缺点是无法获得消费、财富和储蓄作为不确定性函数的闭合解（Carroll，1996）。但基于消费动态路径和跨期约束条件，可以推导出近似的、反映各因素影响居民消费机制的函数形式。假定 $r = \rho$，则消费动态路径可以简化为：

$$E_t \Delta \ln c_{t+1} = \frac{1}{\kappa} \Delta \Psi_{t+1} + \frac{\kappa}{2} \sigma_{t+1}^2 \tag{5.32}$$

根据对数正态分布性质，则有：

$$E_t \exp(\Delta \ln c_{t+1}) = \exp\left(\frac{1}{\kappa} \Delta \Psi_{t+1} + \frac{\kappa+1}{2} \sigma_{t+1}^2\right) \tag{5.33}$$

$$E_t c_{t+1} = c_t \cdot \exp\left(\frac{1}{\kappa} \Delta \Psi_{t+1} + \frac{\kappa+1}{2} \sigma_{t+1}^2\right) \tag{5.34}$$

$$E_t c_{t+i} = c_t \cdot \exp\left(\frac{1}{\kappa} \Delta_i \Psi_{t+i} + \frac{\kappa+1}{2} \sum_{j=1}^{i} \sigma_{t+j}^2\right) \tag{5.35}$$

其中，$\Delta_j = 1 - L^j$，L 为滞后算子：$L X_t = X_{t-1}$。

将式（5.35）代入跨期约束条件（5.17），则有：

$$\left[\sum_{i=0}^{T-t} (1+r)^{-i} \exp\left(\frac{1}{\kappa} \Delta_i \Psi_{t+i} + \frac{\kappa+1}{2} \sum_{j=1}^{i} \sigma_{t+j}^2\right) \right] c_t$$
$$= (1+r)(A_t + H W_t) \tag{5.36}$$

则消费函数可以表示为：

$$c_t = \left[\sum_{i=0}^{T-t} (1+r)^{-i} \exp\left(\frac{1}{\kappa} \Delta_i \Psi_{t+i} + \frac{\kappa+1}{2} \sum_{j=1}^{i} \sigma_{t+j}^2\right) \right]^{-1}$$
$$(1+r)(A_t + H W_t) \tag{5.37}$$

假定人口统计量每年的变化规模也相同，$\Delta \Psi_{t+1} = \psi'$，且假定 $\sigma_{t+j}^2 = \sigma_t^2$，则有：

$$\Delta_i \Psi_{t+i} = \Psi_{t+i} - \Psi_t = i \psi' \tag{5.38}$$

$$\frac{1}{\kappa} \Delta_i \Psi_{t+i} + \frac{\kappa+1}{2} \sum_{j=1}^{i} \sigma_{t+j}^2 = \frac{i}{\kappa} \psi' + \frac{i(\kappa+1)}{2} \sigma_t^2 \quad (5.39)$$

根据式（5.33），认为 $\left[\frac{\psi'}{\kappa} + \frac{(\kappa+1)}{2} \sigma_t^2 \right]$ 可近似表示为消费的

预期增长率。近几年，我国居民消费增长率基本在 7% 附近波动，

根据泰勒级数展开式，则有：

$$\exp\left(\frac{\psi'}{\kappa} + \frac{(\kappa+1)}{2} \sigma_t^2 \right) \approx \left[1 + \frac{\psi'}{\kappa} + \frac{(\kappa+1)}{2} \sigma_t^2 \right] \quad (5.40)$$

可见，预防性储蓄理论下的消费函数可近似表示为：

$$c_t \approx \left\{ \sum_{i=0}^{T-t} \left[\left(1 + \frac{\psi'}{\kappa} + \frac{(\kappa+1)}{2} \sigma_t^2 \right) \bigg/ (1+r) \right]^i \right\}^{-1}$$

$$(1+r)(A_t + HW_t) \quad (5.41)$$

可见，代表性消费者的消费水平主要取决于影响消费效用的人口特征变量、财富存量、预期收入、预防性储蓄及各因素间的交互作用。养老保险降低消费者对未来收入的不确定性预期，进而影响着消费者的预防性储蓄。因此，养老保险对居民消费的影响路径除了人力财富 HW、人口统计量 Ψ 外，还有预防性储蓄。假定代表性消费者收入增长冲击服从正态分布，相对风险规避系数为 2，利率和时间偏好率都为 3%，收入波动的方差为 0.05（其他参数设定见表 5.2），则未参加养老保险和参加养老保险两类消费者的消费路径见图 5.2。可见，预防性储蓄理论下，养老保险制度将使消费者的消费水平更加平滑。

表 5.2　　　　　预防性储蓄理论下相关参数假定

参数	情形 1	情形 2
利率	0.03	0.03
时间偏好率	0.03	0.03
养老保险贡献率（%）	0.00	28.00
养老保险替代率（%）	0.00	60.00

续表

参数	情形 1	情形 2
人口特征变量年均增量	0.00	−0.03
风险规避系数	2.00	2.00
收入波动方差	0.05	0.05
收入路径	$E_t y_{t+i} = y_t \exp(i\sigma^2/2)$ $\quad y_1 = 1$	

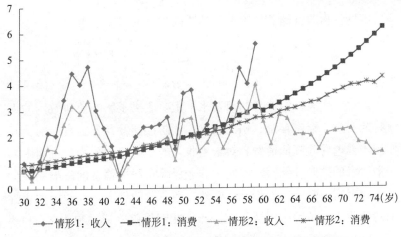

—▲— 情形1：收入　　—■— 情形1：消费　　—▲— 情形2：收入　　—✳— 情形2：消费

图 5.2　预防性储蓄理论下代表性消费者的消费路径

5.1.4　习惯形成、养老保险与居民消费

杭斌（2008、2009）认为过去的消费水平对我国城镇居民当前消费有着显著影响，即习惯支配着居民的消费行为。对此，闫新华和杭斌（2010）、贾男和张亮亮（2011）也有类似的结论。因此，有必要进一步考虑习惯对居民消费的影响。本书借鉴米尔鲍尔（1988）、戴南（2000）和李（2004）的分析框架，假定当期消费产生的效用与代表性消费者过去的消费水平有关，即存在习惯因素的影响，则消费者的跨期效用最大化问题可以描述为：

$$max \, E_t \sum_{i=0}^{T-t} \beta^i u(\tilde{c}_{t+i}) \tag{5.42}$$

$$s.t. \, A_{t+1} = (1 + r_t) A_t - c_t + y_t \tag{5.43}$$

其中，$\tilde{c}_{t+i} = c_{t+i} - \alpha c_{t+i-1}$，可以看作是净消费水平（net consumption）；$\alpha \in (0,1)$，反映习惯的强度（the strength of habits）。α 越大，消费者从当前消费支出中获得的效用越低。

则贝尔曼方程为：

$$V(A_t, c_{t-1}) = \max\{u[(1 + r_t) A_t + y_t - A_{t+1} - \alpha c_{t-1}] + E_t \beta V(A_{t+1}, c_t)\}$$
$$\tag{5.44}$$

对贝尔曼方程（5.44）使用包络定理：

$$V_1'(A_t, c_{t-1}) = E_t \beta (1 + r_t) V_1'(A_{t+1}, c_t) \tag{5.45}$$

$$V_2'(A_t, c_{t-1}) = -\alpha u'(c_t - \alpha c_{t-1}) \tag{5.46}$$

对贝尔曼方程（5.44）使用一阶条件：

$$u'(c_t - \alpha c_{t-1}) - E_t \beta V_1'(A_{t+1}, c_t) + E_t \beta V_2'(A_{t+1}, c_t) = 0 \tag{5.47}$$

将式（5.46）代入式（5.47），则有：

$$u'(c_t - \alpha c_{t-1}) - E_t \alpha \beta u'(c_{t+1} - \alpha c_t) = E_t \beta V_1'(A_{t+1}, c_t)$$
$$\tag{5.48}$$

将式（5.48）代入式（5.45），可得欧拉方程：

$$u'(c_t - \alpha c_{t-1}) - E_t \alpha \beta u'(c_{t+1} - \alpha c_t)$$
$$= \beta(1 + r_{t+1}) E_t [u'(c_{t+1} - \alpha c_t) - E_t \alpha \beta u'(c_{t+2} - \alpha c_{t+1})]$$
$$\tag{5.49}$$

根据林希（Hayashi，1983），若寿命 T 足够大，且利率 r 为常数，欧拉方程（5.49）可以简化为：

$$1 = E_t \left[\beta(1 + r_{t+1}) \frac{u'(c_{t+1} - \alpha c_t)}{u'(c_t - \alpha c_{t-1})} \right] \tag{5.50}$$

为了不失预防性储蓄动机的影响，本书采用戴南（2000）提出的 CRRA 效用函数：

$$u(c_t, c_{t-1}; \Psi_t) = \exp(\Psi_t) \frac{(c_t - \alpha c_{t-1})^{1-\kappa}}{1 - \kappa} \tag{5.51}$$

将效用函数 (5.51) 带入欧拉方程 (5.50)，则有：

$$1 = E_t \left[\beta (1 + r_{t+1}) \frac{\exp(\Psi_{t+1})}{\exp(\Psi_t)} \left(\frac{c_{t+1} - \alpha c_t}{c_t - \alpha c_{t-1}} \right)^{-\kappa} \right] \tag{5.52}$$

$$1 = E_t \{ \exp[(r_{t+1} - \rho) + \Delta \Psi_{t+1} - \kappa \Delta \ln(c_{t+1} - \alpha c_t)] \} \tag{5.53}$$

假定 $\Delta \widetilde{\ln c_{t+1}} \sim N(E_t \Delta \widetilde{\ln c_{t+1}}, \widetilde{\sigma}_{t+1}^2)$，则根据式 (5.30) 可得：

$$1 = \exp \left[(r_{t+1} - \rho) + \Delta \Psi_{t+1} - \kappa E_t \Delta \widetilde{\ln c_{t+1}} + \frac{\kappa^2}{2} \widetilde{\sigma}_{t+1}^2 \right] \tag{5.54}$$

根据米尔鲍尔 (1988) 和拜恩 (Byun, 2013)，净消费水平 $\widetilde{c}$ 的增长率可近似表示为：

$$\Delta \ln(c_{t+1} - \alpha c_t) \approx \Delta \ln(c_{t+1}) - \alpha \Delta \ln(c_t) \tag{5.55}$$

则习惯形成理论下的消费动态路径为：

$$\Delta \ln c_{t+1} = \frac{1}{\kappa}(r - \rho) + \frac{1}{\kappa} \Delta \Psi_{t+1} + \alpha \Delta \ln c_t + \frac{\kappa}{2} \widetilde{\sigma}_{t+1}^2 + \varepsilon_{t+1} \tag{5.56}$$

根据 $\widetilde{c}_t = c_t - a c_{t-1}$，则有：

$$c_t = \widetilde{c}_t + a c_{t-1} \tag{5.57}$$

$$c_{t+1} = \widetilde{c}_{t+1} + a c_t = \widetilde{c}_{t+1} + a \widetilde{c}_t + a^2 c_{t-1} \tag{5.58}$$

$$c_{t+i} = \widetilde{c}_{t+i} + \cdots + a^i \widetilde{c}_t + a^{i+1} c_{t-1} \tag{5.59}$$

定义 W 表示未来的消费预期在 t 期期初的总现值（总财富）：

$$W_t = \frac{1}{1+r} \sum_{i=0}^{T-t} \left(\frac{1}{1+r} \right)^i E_t c_{t+i}$$

$$\approx \frac{1}{1+r-\alpha} \left[\widetilde{c}_t + \frac{1}{1+r} E_t \widetilde{c}_{t+1} + \cdots + \left(\frac{1}{1+r} \right)^{T-t} E_t \widetilde{c}_T \right] + \frac{\alpha}{1+r-\alpha} c_{t-1}$$

$$= \frac{1+r}{1+r-\alpha} \widetilde{W}_t + \frac{\alpha}{1+r-\alpha} c_{t-1} \tag{5.60}$$

其中，$\widetilde{W}$ 表示未来净消费水平 $\widetilde{c}_{t+i}$ 在 t 期期初的总现值。

由式（5.56）可知，当 $r = \rho$ 且 $\widetilde{\sigma}_{t+j}^2 = \widetilde{\sigma}_t^2$ 时，$\tilde{c}_{t+i}$ 的期望值可以表示为：

$$E_t \tilde{c}_{t+i} = \tilde{c}_t \cdot \exp\left(\frac{1}{\kappa} \Delta_i \, \Psi_{t+i} + \frac{\kappa + 1}{2} \sum_{j=1}^{i} \widetilde{\sigma}_{t+j}^2 \right) \quad (5.61)$$

$$\widetilde{W}_t = \frac{\tilde{c}_t}{(1+r)} \left[\sum_{i=0}^{T-t} (1+r)^{-i} \exp\left(\frac{1}{\kappa} \Delta_i \, \Psi_{t+i} + \frac{\kappa+1}{2} \sum_{j=1}^{i} \widetilde{\sigma}_{t+j}^2 \right) \right]$$

$$\approx \frac{\tilde{c}_t}{(1+r)} \left\{ \sum_{i=0}^{T-t} \left[\left(1 + \frac{\psi^{'}}{\kappa} + \frac{(\kappa+1)}{2} \widetilde{\sigma}_t^2 \right) \Big/ (1+r) \right]^i \right\}$$

$$(5.62)$$

将式（5.62）代入式（5.60），则有：

$$\frac{\tilde{c}_t}{(1+r)} \left\{ \sum_{i=0}^{T-t} \left[\left(1 + \frac{\psi^{'}}{\kappa} + \frac{(\kappa+1)}{2} \widetilde{\sigma}_t^2 \right) \Big/ (1+r) \right]^i \right\}$$

$$= \frac{1+r-\alpha}{1+r} W_t - \frac{\alpha}{1+r} c_{t-1} \quad (5.63)$$

则习惯形成理论下的消费函数可表示为：

$$c_t = (1 + r - \alpha)\Omega_t^{-1}(A_t + H W_t) + \alpha(1 - \Omega_t^{-1})c_{t-1} \quad (5.64)$$

其中，$\Omega_t = \sum_{i=0}^{T-t} \left[\left(1 + \frac{\psi^{'}}{\kappa} + \frac{(\kappa+1)}{2} \widetilde{\sigma}_t^2 \right) \Big/ (1+r) \right]^i$。

可见，代表性消费者的消费水平主要取决于影响消费效用的人口特征变量、财富存量、预期收入、预防性储蓄、消费习惯及各因素间的交互作用。其中，养老保险对消费支出的影响路径包括人力财富 HW、人口统计量 Ψ、预防性储蓄和过去消费水平等众多因素。若假定代表性消费者的习惯强度为 0.3，收入波动及其他相关参数设定同表 5.2，则消费路径见图 5.3。可见，养老保险和消费习惯的共同作用，将进一步平滑消费支出水平。

5.1.5　流动性约束、养老保险与居民消费

除了预防性储蓄动机和习惯形成，流动性约束也是抑制我国居民消费的重要因素。杭斌（2001）认为我国信贷市场不完善，消费

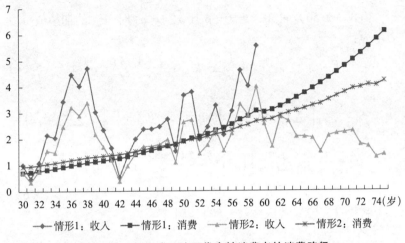

◆ 情形1：收入 ■ 情形1：消费 ▲ 情形2：收入 ＊ 情形2：消费

图 5.3　习惯形成理论下代表性消费者的消费路径

者无法实现消费在各个时期的最优分配。因此，研究消费决定模型，还需考虑流动性约束的问题。假定 t 时刻年龄为 t 的代表性消费者的跨期消费选择问题可以表示为：

$$\max E_t \sum_{i=0}^{T-t} \beta^i u(\tilde{c}_{t+i}) \qquad (5.65)$$

$$s.\ t.\ \tilde{c}_t = c_t - \alpha c_{t-1} \qquad (5.66)$$

$$A_{t+1} = (1 + r_t) A_t - c_t + y_t \qquad (5.67)$$

$$A_{t+j} \geqslant 0 \quad j = 0, \cdots, T - t \qquad (5.68)$$

则贝尔曼方程为：

$$V(A_t, c_{t-1}) = \max\{u(\tilde{c}_t) + E_t\beta V(A_{t+1}, c_t) + \lambda_t[(1 + r_t) A_t - c_t + y_t]\}$$
$$(5.69)$$

其中，λ 为流动性约束相关的拉格朗日乘子。λ 体现了收入的边际效用，即在最优解处增加一个单位收入带来的效用增加。因此，拉格朗日乘子 λ 可理解为资源的影子价格（shadow price）。

对贝尔曼方程（5.69）使用包络定理：

$$V_1'(A_t, c_{t-1}) = E_t\beta(1 + r_t)V_1'(A_{t+1}, c_t) + (1 + r_t)\lambda_t \quad (5.70)$$

$$V_2'(A_t, c_{t-1}) = -\alpha u'(\tilde{c_t}) \tag{5.71}$$

对贝尔曼方程（5.69）使用一阶条件：

$$u'(\tilde{c_t}) - E_t \beta V_1'(A_{t+1}, c_t) + E_t \beta V_2'(A_{t+1}, c_t) + \lambda_t = 0 \tag{5.72}$$

将式（5.71）和式（5.72）代入式（5.70），则有：

$$V_1'(A_t, c_{t-1}) = (1 + r_t)[u'(\tilde{c_t}) + E_t \alpha \beta u'(\tilde{c_{t+1}})] \tag{5.73}$$

将式（5.73）代入式（5.70），则有欧拉方程为：

$$u'(\tilde{c_t}) - E_t \alpha \beta u'(\tilde{c_{t+1}})$$

$$= \beta(1 + r_{t+1}) E_t [u'(\tilde{c_{t+1}}) - E_t \alpha \beta u'(\tilde{c_{t+2}})] + \lambda_t \tag{5.74}$$

定义 F 为领先算子（$FX_t = X_{t+1}$），根据塞金（2000），则欧拉方程可写为：

$$u'(\tilde{c_t}) = \beta(1 + r_{t+1}) E_t u'(\tilde{c_{t+1}}) + (1 - \alpha\beta F)^{-1} \lambda_t$$

$$= \beta(1 + r_{t+1}) E_t u'(\tilde{c_{t+1}}) + \lambda_t + E_t \sum_{j=1}^{\infty} (\alpha\beta)^j \lambda_{t+j} \tag{5.75}$$

可见，当前净消费水平的边际效用等于下一期净消费水平边际效用的现值、流动性约束的当前影子价格和所有预期影子价格的加权求和。α 越大，习惯性越强，预期影子价格越不重要，即习惯产生了额外的储蓄（Seckin，2000）。

将效用函数（5.51）代入欧拉方程（5.75），则有：

$$\beta(1 + r_{t+1}) E_t \left[\frac{\exp(\Psi_{t+1})}{\exp(\Psi_t)} \left(\frac{\tilde{c_{t+1}}}{\tilde{c_t}} \right)^{-\kappa} \right] + \frac{\lambda_t}{u'(\tilde{c_t})(1 - \alpha\beta F)} = 1$$

$$\tag{5.76}$$

$$\exp\left[(r_{t+1} - \rho) + \Delta \Psi_{t+1} - \kappa E_t \Delta \widetilde{\ln c_{t+1}} + \frac{\kappa^2}{2} \tilde{\sigma}_{t+1}^2 \right] = 1 - \frac{\lambda_t}{u'(\tilde{c_t})(1 - \alpha\beta F)}$$

$$\tag{5.77}$$

则流动性约束理论下的消费动态路径为：

$$\Delta \ln c_{t+1} = \frac{1}{\kappa}(r - \rho) + \frac{1}{\kappa} \Delta \Psi_{t+1} + \alpha \Delta \ln c_t + \frac{\kappa}{2} \tilde{\sigma}_{t+1}^2 + \bar{\lambda}_t + \varepsilon_{t+1}$$

$$\tag{5.78}$$

其中，$\bar{\lambda}_t = \dfrac{\lambda_t}{\kappa u'(\tilde{c}_t)(1 - \alpha\beta F)}$，表示调整后的流动性约束。由式

(5.78) 可知，消费水平的动态变化，主要受五个因素影响：跨期替代、消费的生命周期模式、习惯形成、预防性储蓄和流动性约束。

根据式 (5.61)、式 (5.62) 和式 (5.78)，假定 $\bar{\lambda}_{t+i} \approx \bar{\lambda}_t$，则有：

$$E_t \tilde{c}_{t+1} = \tilde{c}_t \exp\left(\frac{1}{\kappa} \Delta \Psi_{t+1} + \frac{\kappa + 1}{2} \tilde{\sigma}_t^2 + \bar{\lambda}_t \right) \qquad (5.79)$$

$$\frac{c_t - a c_{t-1}}{(1 + r)} \left\{ \sum_{i=0}^{T-t} (1 + r)^{-i} \exp\left[\frac{i \psi'}{\kappa} \Delta_i \Psi_{t+i} + \frac{i(\kappa + 1)}{2} \tilde{\sigma}_t^2 + i \bar{\lambda}_t \right] \right\}$$

$$= \frac{1 + r - \alpha}{1 + r} W_t - \frac{\alpha}{1 + r} c_{t-1} \qquad (5.80)$$

则流动性约束理论下的消费函数为：

$$c_t = (1 + r - \alpha) \Theta_t^{-1} (A_t + H W_t) + a(1 - \Theta_t^{-1}) c_{t-1} \qquad (5.81)$$

其中，$\Theta_t = \sum_{i=0}^{T-t} \left\{ \left[1 + \frac{\psi'}{\kappa} + \frac{(\kappa + 1)}{2} \tilde{\sigma}_t^2 + \bar{\lambda}_t \right] \Big/ (1 + r) \right\}^i$。

可见，代表性消费者的消费水平主要取决于影响消费效用的人口特征变量、财富存量、预期收入、预防性储蓄、消费习惯、流动性约束及各因素间的交互作用。其中，养老保险对居民消费的影响路径包括人力财富 HW、人口统计量 Ψ、预防性储蓄、消费习惯和流动性约束等众多因素。式 (5.78) 和式 (5.81) 构成了局部均衡理论框架下研究养老保险影响居民消费问题的一般形式。

5.2　养老保险制度对居民消费影响的一般均衡理论分析

5.2.1　一般均衡理论

一般均衡理论（general equilibrium theory），最早由法国经济学

家瓦尔拉斯于 1874 年在《纯粹经济学要义》中提出。一般均衡理论，将经济系统看成一个整体，研究资本、劳动、知识等要素与产出之间的相互依赖关系。一般均衡理论的基本思想是：生产者、消费者分别根据利润最大化和效用最大化原则在预算约束下进行最优决策，最终使资源得到合理使用，经济达到均衡状态。

根据本书第 4 章的论述，养老保险影响人口出生率、人力资本形成、居民收入和消费支出水平；消费决定了储蓄、资本形成和经济增长；人口统计量、财富存量、收入水平及不确定性影响居民消费（见图 5.4）。因此，研究养老保险对居民消费的影响，更合理的思路是构建一般均衡理论模型。

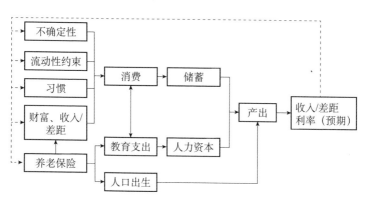

图 5.4　养老保险、居民消费和经济增长

5.2.2　基本假定和主要符号

1. 基本假定

（1）代表性消费者。假定消费者除了受不确定性、预防性储蓄、流动性约束和过去消费水平的影响外，还受社会平均消费水平的影响，即消费存在外部性（consumption externalities）。代表性消费者对子女的教育，看作是对其人力资本的投资，但不图回报。

（2）厂商。假定厂商分为两类，一类厂商（Ⅰ）提供养老保险，对人员招聘设有教育门槛，职工平均工资水平较高；另一类厂商（N）没有提供养老保险，对人员招聘不设教育门槛，职工平均工资水平相对低些（见图5.5）。厂商在竞争性要素市场上雇佣劳动者和租用资本，并在竞争性产品市场上销售产品。

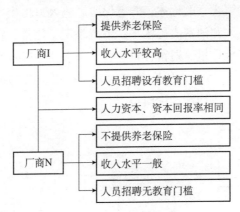

图5.5　假定的两类厂商

假定生产函数对实物资本和人力资本是规模报酬不变的，具体形式为：

$$F(K_t, H_t) = A\, K_t^{\delta}\, H_t^{1-\delta} \tag{5.82}$$

其中，F 为总产出；K 为实物资本投入；H 为人力资本存量；δ 是资本产出的弹性系数。则每单位人力资本的平均产出可以表示为实物资本和人力资本比值 k 的函数：

$$f_t = \frac{1}{H_t} F(K_t, H_t) = A\left(\frac{K_t}{H_t}\right)^{\delta} = F\left(\frac{K_t}{H_t}, 1\right) = f(k_t) \tag{5.83}$$

（3）政府行为。政府的作用是制定政策，主要涉及利率及养老保险参数，如养老保险贡献率和养老金替代率等，以维持养老金财务可持续性，主要体现在当年养老基金收入不小于当年养老基金支出：

$$\sum_i N_{t,i}^{IE} b_{t,i} \geqslant \sum_k N_{t,k}^{IR} p_{t,k}, \quad i < R \leqslant k \qquad (5.84)$$

其中，$N_{t,i}^{IE}$ 为 t 时刻年龄为 i 的参加养老保险职工人数；$N_{t,k}^{IR}$ 为 t 时刻年龄为 k 的参加养老保险离退休人数。

（4）人口增长。假定人口增长率为内生变量，取决于当前人均可支配收入水平（Solow，1956；Fanti and Manfredi，2003）和养老保险发展水平（Wigger，1999；杨再贵，2009）。人力资本由在职职工的能力、技能和知识构成。代表性消费者退休后不再跨入劳动力市场，即不再提供产出需要的人力资本要素。

（5）养老问题。养老保险主体为现收现付制度，但并没有实现完全覆盖、应保尽保。养老保险贡献率和养老保险替代率是政府调控养老金财务可持续性的主要政策参数，但主要以调整养老保险替代率为主。

除了养老保险外，储蓄养老也是代表性消费者选择的重要方式。假定父母对子女的付出都是单向的，即只考虑付出，不图回报。因此，不参加养老保险的消费者只能选择储蓄养老，不考虑子女养老问题。

（6）市场。市场包括产品市场、要素市场和资本市场。其中，产品市场的总供给等于总需求。劳动力市场的总供给等于总需求，劳动力可以在同类厂商间自由流动。N 类厂商劳动者想要获得 I 类厂商的工作机会，必须加大对自身的教育投入，提升有效劳动能力。消费者都是理性的，I 类厂商劳动者不会选择 N 类厂商的工作机会。资本市场上，总投资等于总储蓄。

2. 主要符号

δ：资本产出的弹性系数

ω：单位人力资本工资水平

π：养老保险覆盖率

φ：养老保险贡献率

ϕ：养老保险替代率

o：老年人口占总人口比重

n：人口增长率

f：单位人力资本的平均产出

k：实物资本和人力资本比值

e：个人教育支出

s：个人储蓄

h：个人人力资本存量

$\bar{c}$：人均消费水平

$\bar{e}$：人均教育支出

$\bar{h}$：人均人力资本存量

N：总人口（仅指在职职工和退休人群）

C：总消费

E：总的教育支出

K：总的实物资本

H：总的人力资本存量

IE：参保的在职人群

IR：参保的离退休人群

NE：没有参保的在职人群

NR：没有参保的离退休人群

5.2.3 模型组成

1. 代表性消费者

根据假定，t 时刻年龄为 i 的代表性消费者的效用最大化问题可以表述为：

$$\max E_t \sum_{j=0}^{T-i} \beta^i u(\tilde{c}_{t+j, i+j}; \Psi_{t+j, i+j}) \tag{5.85}$$

$$s.t. \ \tilde{c}_{t,i} = c_{t,i} - \alpha c_{t-1, i-1} - \gamma \bar{c}_t - \theta \bar{c}_{t-1} \tag{5.86}$$

$$A_{t+1, i+1} = (1 + r_t) A_{t,i} - c_{t,i} - e_{t,i} + y_{t,i} \tag{5.87}$$

其中，下标（t, i）表示 t 时刻代表性消费者的年龄为 i；消费支出 c 中不包含教育支出部分；$\bar{c}$ 表示社会平均消费水平；$\gamma \in (-1, 1)$，$\theta \in (-1, 1)$，反映了个体消费效用受社会平均消费水平的影响，其中，γ 对应 keeping up with the Joneses，θ 对应 catching up with the Joneses（Alonso-Carrera，2003）；e 为教育支出。

2. 人力资本

假定人力资本主要取决于父母对其教育投资及代表性消费者自身的教育支出，其中父母的教育投资体现在代表性消费者的起始工作年龄 τ 上。根据中田（Nakata，2007），假定代表性消费者的人力资本存量函数为：

$$h_{t,i} = h(\tau_{t,i}, e_{t-1,i-1}, h_{t-1,i-1}) = h_{t-1,i-1} + B\, e_{t-1,i-1} \qquad (5.88)$$

全社会人力资本存量及平均水平分别为：

$$H_t = \sum h_{t,i}^E N_{t,i}^E = \sum h_{t,i}^{IE} N_{t,i}^{IE} + \sum h_{t,i}^{NE} N_{t,i}^{NE} \qquad (5.89)$$

$$\bar{h}_t = (1 - o_t)[\pi_t^E \bar{h}_t^I + (1 - \pi_t^E)\bar{h}_t^N] \qquad (5.90)$$

其中，$\bar{h}_t^I$ 和 $\bar{h}_t^N$ 分别表示参保职工（I 类厂商职工）和非参保职工（N 类厂商职工）的人均人力资本存量；o_t 为老年人口占总人口比重，反映了社会的老龄化程度；π_t^E 为在职职工的养老保险覆盖率。养老保险覆盖率 π 主要取决于全社会的教育支出和经济发展水平：

$$\pi_t = \pi_t(\bar{e}_{t-1}, \pi_{t-1}, f_t) \qquad (5.91)$$

3. 企业

由于企业的行为是竞争性的，雇佣劳动力直到劳动力的边际产量等于工资，租用资本直到资本的边际产量等于租用价格，则每单位人力资本工资水平和利率分别为：

$$\omega_t = (1 - \delta)A K_t^\delta H_t^{-\delta} = f(k_t) - k_t f'(k_t) = (1 - \delta)A k_t^\delta$$

$$(5.92)$$

$$r_t = \delta A\, K_t^{\delta-1} H_t^{1-\delta} = f'(k_t) = \delta A\, k_t^{\delta-1} \tag{5.93}$$

则代表性消费者的工资水平为:

$$w_{i,t} = \omega_t\, h_{t,i} = (1-\delta)A\, h_{t,i}\, k_t^{\delta} = y_{t,i} + b_{t,i} \tag{5.94}$$

可见,不同企业职工的收入差距主要取决于有效劳动供给的差异。由于攀比性、"人往高处走"和"望子成龙"等心理影响,代表性消费者为了提高自身或其子女的工作档次和工资水平,增加教育支出是唯一办法。

4. 商品市场

由于商品市场和资本市场都是市场出清的,假定每期的折旧率为100%,则有收入恒等式:

$$C_t + E_t + K_{t+1} = F(K_t, H_t) \tag{5.95}$$

其中,C 和 E 分别表示消费总支出和教育总支出。式(5.95)两边同时除以总人口 N_t,则有:

$$\bar{c}_t + \bar{e}_t + (1 + n_{t+1})\bar{h}_{t+1}\, k_{t+1} = A\, \bar{h}_t\, k_t^{\delta} \tag{5.96}$$

其中,$\bar{c}$ 和 $\bar{e}$ 分别表示人均消费水平和人均教育支出;n 为人口增长率。由于人口增长率假定为内生变量,取决于当前人均可支配收入水平和养老保险发展水平。根据凡蒂和曼弗雷迪(Fanti and Manfredi, 2003),可定义人口增长率函数如下:

$$n_{t+1} = n_{t+1}(A\, k_t^{\delta}, \pi_t, \varphi_t, \phi_t) \tag{5.97}$$

5. 养老保险

由于养老保险参数是政府可以调控的政策变量,当年养老基金收入不小于当年养老基金支出,则根据式(5.89)(两边同时除以总人口)可得养老保险可持续发展的约束条件:

$$(1 - o_t)\pi_t^E \varphi_t \geq o_t\, \pi_t^R \phi_t \tag{5.98}$$

其中,π_t^R 为离退休人员的养老保险覆盖率;φ 和 ϕ 分别表示养老保险贡献率和养老保险替代率。

5.2.4 养老保险对居民消费影响的一般均衡模型

1. 个体消费决定模型

根据式（5.85）至式（5.88）、式（5.94），可构造拉格朗日函数（Lagrange function）：

$$L(c_{t,i}, e_{t,i}, \lambda_{t,i}) = \sum_{j=0}^{T-i} \left\{ \beta^j E_t u(c_{t+j,i+j} - \alpha c_{t+j-1,i+j-1} - \gamma \bar{c}_t - \theta \bar{c}_{t-1}) + \right.$$
$$\left. \lambda_{t+j,i+j} \left\{ A_{t+j+1,i+j+1} - \left\{ \begin{array}{l} (1+r_{t+j})A_{t+j,i+j} - c_{t+j,i+j} - e_{t+j,i+j} + \\ [(1-\delta)A h_{t+j,i+j} k_{t+j}^{\delta} - b_{t+j,i+j}] \end{array} \right\} \right\} \right\}$$

$$(5.99)$$

假定个人消费水平 $c_{t,i}$ 的单位变化不会影响当期社会平均消费水平 $\bar{c}_t$ 的变化（Alonso-Carrera and Caballe，2003）。拉格朗日函数（5.99）分别对控制变量 $c_{t,i}$、$e_{t,i}$ 和影子价格 $\lambda_{i,t}$ 求导，则有：

$$\frac{\partial L}{\partial c_{t,i}} = u'(\tilde{c}_{t,i}) - \alpha\beta E_t u'(\tilde{c}_{t+1,i+1}) - \lambda_{t,i} = 0 \quad (5.100)$$

$$\frac{\partial L}{\partial e_{t,i}} \approx \lambda_{t,i} - AB(1-\delta)\lambda_{t+1,i+1} h_{t+1,i+1} k_{t+1}^{\delta} = 0 \quad (5.101)$$

$$\frac{\partial L}{\partial \lambda_{t,i}} = A_{t+1,i+1} - \{(1+r_t)A_{t,i} - c_{t,i} - e_{t,i} + [(1-\delta)A h_{t,i} k_t^{\delta} - b_{t,i}]\} = 0$$

$$(5.102)$$

则外部习惯形成（external habit formation）理论下的消费动态路径和消费函数分别为：

$$\Delta \ln c_{t+1,i+1} = B' + \frac{1}{\kappa}\Delta \Psi_{t+1} + \frac{\kappa}{2}\tilde{\sigma}_{t+1,i+1}^2 + \alpha\Delta \ln c_{t,i} + \gamma\Delta \ln\bar{c}_t$$
$$+ \theta\Delta \ln\bar{c}_{t-1} + \ln(h_{t+1,i+1} \cdot A k_{t+1}^{\delta}) + \varepsilon_{t+1,i+1} \quad (5.103)$$

$$c_{t,i} = \Xi_t^{-1}(1+r-\alpha)(A_{t,i} + HW_{t,i}) + (1-\Xi_t^{-1})(\alpha c_{t-1,i-1} + \gamma\bar{c}_t + \theta\bar{c}_{t-1})$$

$$(5.104)$$

其中，

$$\Xi_t = \sum_{j=0}^{T-i} \left\{ \exp\left\{ \begin{array}{c} j\,B' + \dfrac{j\,\psi'}{\kappa} + \dfrac{j(\kappa+1)}{2}\widetilde{\sigma}_t^2 \\ + \sum_{k=0}^{j}\left[\ln(h_{t+k,\,i+k}\cdot A\,k_{t+k}^{\delta})\right] \end{array} \right\} \middle/ (1+r)^j \right\}$$

(5. 105)

$$B' = \ln B(1-\delta)$$

(5. 106)

可见，考虑了消费外部性问题，个体的消费支出水平不仅受人口特征变量、预防性储蓄及消费习惯等因素的影响，还受社会平均消费水平和收入水平的影响。

2. 社会资本决定模型

将式（5.96）代入式（5.102），则有社会资本决定模型：

$$k_{t+1} = \frac{\bar{h}_t}{(\delta-1)(n_{t+1}+1)\bar{h}_{t+1}\,h_{t,i}}$$

$$\left[A_{t+1,i+1} - (1+r_t)A_{t,i} + c_{t,i} + e_{t,i} + b_{t,i} - (1-\delta)\frac{h_{t,i}}{\bar{h}_t}(\bar{c}_t + \bar{e}_t)\right]$$

(5. 107)

可见，式（5.104）和式（5.107）构成了关于 $c_{t,i}$ 和 k_{t+1} 的非线性联立方程组。目前，学术界对于消费行为的研究，主要分为两大类：一类是考虑个体差异，采用微观数据研究个体的消费行为；另一类是忽略个体差异，采用宏观数据研究总量消费行为。数据的差异性，使同一消费理论模型在微观和宏观领域的应用结论往往差异明显，如家庭数据基本上支持持久收入假说，而宏观总量数据往往拒绝这个理论；家庭数据往往拒绝习惯形成理论，而宏观总量数据往往接受这个理论。因此，如何准确地协调宏观经济和微观经济的实证研究依然是学术界关注的热点（Deaton，1992）。"外部性"的存在，使微观个体消费行为和宏观经济模型能够合理融合。

由式（5.104）和式（5.107）可知，养老保险对居民消费的影响更为复杂。养老保险对居民消费的影响路径不仅包括人力财富、人口特征变量、预防性储蓄、消费习惯、流动性约束和教育支出等个体层面因素，还有社会平均消费水平、人口出生率、人力资本产出效率等宏观层面因素。

5.3　小结

本章分别从局部均衡和一般均衡角度构建数理经济模型分析养老保险对居民消费的影响机制。局部均衡框架下，构建了包含人口特征、不确定性、预防性储蓄、习惯形成和流动性约束等因素的消费决定模型一般形式。一般均衡框架下，充分考虑消费外部性，将个体消费决定模型和宏观经济模型进行合理融合。本章认为，养老保险对居民消费更多体现的是间接影响，理论模型是否合理、影响程度如何还需采用计量经济模型对实际数据进行验证。

第 6 章　养老保险影响居民消费的宏观
数据实证分析

为了验证理论模型的合理性，本章基于宏观数据对理论模型进行实证分析。对于各种理论背景下构造的数理模型，本章首先将其转化为便于实证分析的面板数据计量经济模型，然后采用逐步回归方法将人口特征、养老保险等重点关注变量逐步加入回归模型，并采用面板数据模型设定检验、冗余变量检验和协整检验等方法检验模型的合理性。

6.1　变量、数据及平稳性检验

6.1.1　变量、数据及描述性统计

面板数据综合了时间序列和横截面两方面的信息，使用面板数据建立模型至少有四个突出优点：①样本容量大，可以解决样本容量不足的问题；②增加了自由度，可以减弱多重共线性，提高了估计量的有效性；③固定效应回归模型能够得到参数的一致估计量；④可识别和度量时间序列数据和截面数据不可发觉的效应。我国现行的基本养老保险制度实施时间较短，时间序列数据不足。为了更精确地研究养老保险制度与居民消费之间的关系，本章采用 1994—

2020 年我国 29 个省区市（不含重庆和西藏）城镇居民的样本数据，变量涉及养老保险、居民生活、城镇就业、价格指数和人口信息等多个层面，具体指标见表 6.1。其中，城镇居民人均可支配收入和城镇居民人均现金消费支出（以下简称"人均消费支出"）等数据根据各地区城市居民消费价格指数调整成以 1994 年价格核算的实际数据。考虑到人口流动性及我国城镇化的快速发展，人口特征指标选用各地区的城乡总人口数据，而非城镇人口数据。所有数据都由历年《中国统计年鉴》整理而得，主要变量的描述性统计结果见表 6.2。

表 6.1　　　　　　　　　　　　指标体系

项目	指标	单位	符号	备注
养老保险	年末参加城镇职工基本养老保险人数	万人	ins	
	年末参加城镇职工基本养老保险职工人数	万人	ins_ w	
	年末参加城镇职工基本养老保险离退休人数	万人	ins_ r	
	城镇职工基本养老保险基金收入	亿元	pen_ r	
	城镇职工基本养老保险基金支出	亿元	pen_ e	
	城镇职工基本养老保险基金累计结余	亿元	pen_ b	
	养老保险覆盖率	%	pen_ c	ins_ w/emp × 100
	人均养老保险费支出	元	pc-pe	pen_ e/ins_ r × 10000
	养老保险贡献率	%	pen_ cr	pc-pe/wag_ w × 100
	人均养老保险金收入	元	pc-pr	pen_ r/ins_ w × 10000
	养老保险替代率	%	pen_ sr	pen_ s/wag_ w × 100
	期末人均养老保险基金结余	万元	pc_ pb	pen_ b/ins × 10000

续表

项目	指标	单位	符号	备注
城镇就业	城镇就业人员数	万人	emp	
	城镇登记失业人员数	万人	une	
	城镇登记失业率	%	une_ r	
	城镇单位在岗职工平均工资	元	wag_ w	
居民生活	城镇居民人均可支配收入	元	pc_ i	
	城镇居民人均现金消费支出	元	pc_ c	
	城镇居民人均文教娱乐现金消费支出	元	pc_ e	
	城镇居民人均实际可支配收入	元	pc_ ri	pc_ i/cpi×100
	城镇居民人均实际现金消费支出	元	pc_ rc	pc_ c/cpi×100
	城镇居民人均实际现金消费支出（不含文教娱乐）	元	pc_ rce	pc_ rc-pc_ re
	城镇居民人均实际文教娱乐现金消费支出	元	pc_ re	pc_ e/ecpi×100
价格指数	城市居民消费价格指数（1994＝100）		cpi	
	娱乐教育文化消费价格指数（1994＝100）		ecpi	
人口	总人口（年末）	万人	t_ p	
	城镇人口（年末）	万人	t_ up	
	人口出生率	‰	b_ r	
	人口自然增长率	‰	pop_ g	
	0～14岁人口占比	%	pop_ 0	
	15～64岁人口占比	%	pop_ 15	
	65岁及以上人口占比	%	pop_ 65	
	城镇人口增长率	‰	up_ g	

表6.2 主要指标样本描述

指标	符号	均值	最大值	最小值	标准差
城镇居民人均实际可支配收入	pc_ ri	10 291.970	36 061.560	2 444.919	6 528.464
城镇居民人均实际现金消费支出	pc_ rc	7 388.916	23 160.990	2 043.000	4 216.114
城镇居民人均实际现金消费支出（不含文教娱乐）	pc_ rce	6 232.192	18 051.480	- 2 883.644	3 447.098
城镇居民人均实际文教娱乐现金消费支出	pc_ re	1 156.724	13 282.530	149.310	972.091
养老保险贡献率	pen_ cr	56.159	740.348	28.173	27.358
养老保险替代率	pen_ sr	22.120	39.130	7.934	5.866
期末人均养老保险基金结余	pc_ pb	2 685.238	16 291.740	- 2 332.414	2 589.290
人口出生率	b_ r	12.077	22.920	3.750	3.587
人口自然增长率	pop_ g	5.940	15.240	4.480	3.508
65 岁及以上人口占比	pop_ 65	8.831	17.415	3.580	2.476
城镇登记失业率	une_ r	3.414	7.400	0.400	0.879

6.1.2 变量平稳性检验

1. 面板数据单位根检验

面板数据单位根理论是时间序列数据单位根研究的继续和发展，通过加入横截面信息，能够更加直接、更加精确地推断单位根的存在。最早使用面板数据进行单位根检验的学者是巴尔加瓦（Bhargava）等。巴尔加瓦（1982）基于修正的 DW 统计量提出了一种可以检验固定效应动态模型残差是否为随机游走的方法。阿布夫和乔里安（Abuaf and Jorion，1990）基于似不相关回归（seemingly unrelated regression，SUR）模型，采用 GLS 估计方法提出了面板单位根检验方法——SUR-DF 检验。莱文和林（Levin and Lin，

1993）认为非平稳面板数据估计量的极限分布是高斯分布，并建立了对面板单位根检验的早期版本，后来经莱文、林和楚（Levin，Lin and Chu，2002）的改进，提出了检验面板数据单位根的 LLC 法（LLC 检验）。伊姆、佩萨兰和茜恩（Im、Pesaran and Shin）在1997 年建立了 IPS 法，但布赖通（Breitung，1999）发现 IPS 法对限定性趋势的设定极为敏感。马德拉和吴（Maddala and Wu，1999）提出了 Fisher-ADF 和 Fisher-PP 面板数据单位根检验方法。2003 年，伊姆、佩萨兰和茜恩在考虑异方差和残差自相关问题后，建立了面板数据单位根检验的 W 检验（IPS 检验）。为了避免单一方法可能存在的缺陷，本书选择用 LLC 检验、IPS 检验、Fisher-ADF 检验和 Fisher-PP 检验。这些方法的出发点很类似，都考虑面板数据如下的 AR（1）处理过程：

$$y_{it} = \rho_i y_{it-1} + X_{it} \delta_i + \varepsilon_{it} \qquad (6.1)$$

其中，X_{it} 表示外生变量，包括固定影响及各自的趋势；ρ_i 表示自回归系数；ε_{it} 为独立同分布的随机扰动项。如果 $|\rho_i| < 1$，则认为 y_i 是平稳的；如果 $|\rho_i| = 1$，则认为 y_i 包含一个单位根，为非平稳序列。通常对 ρ_i 有两个假定：一是 $\rho_i = \rho$，LLC 检验方法包含这个假定；二是允许 ρ_i 随 i 的不同而变化，IPS 检验、Fisher-ADF 检验和 Fisher-PP 检验方法包含这个假定。

2. 变量平稳性检验结果

用软件 Eviews6.0 检验各变量单位根存在情况，结果见表6.3。可见，城镇居民人均可支配收入、人均消费支出和人均养老保险基金结余三个变量的对数序列都为一阶单整序列，即经过一次差分后可变成平稳序列；人口出生率、人口自然增长率、65 岁及以上人口占地区总人口比重三个变量经过一次差分后可变成平稳序列；养老保险覆盖率、养老保险贡献率和城镇登记失业率都为平稳序列；养老保险替代率为退势平稳序列。

表 6.3　主要变量单位根检验结果

指标	变量	检验类型	LLC	IPS	Fisher – ADF	Fisher – PP	检验结果
城镇居民人均实际可支配收入	lpc_ri	(C,N)	-2.727 *** [0.003]	2.236 [0.987]	36.049 [0.990]	15.824 [1.000]	
	D(lpc_ri)	(C,N)	-8.086 *** [0.000]	-4.376 *** [0.000]	125.553 *** [0.000]	220.2673 *** [0.000]	一阶单整
城镇居民人均实际现金消费支出	lpc_rc	(C,N)	-0.760 [0.776]	2.342 [0.990]	28.814 [1.000]	26.339 [1.000]	
	D(lpc_rc)	(C,N)	-7.389 *** [0.000]	-2.871 *** [0.002]	102.337 *** [0.000]	257.872 *** [0.000]	一阶单整
人口出生率	b_r	(C,N)	-0.891 [0.186]	-3.355 [0.361]	40.523 [0.961]	50.422 [0.750]	
	D(b_r)	(C,N)	-3.699 *** [0.000]	-9.431 *** [0.000]	131.122 *** [0.000]	405.101 *** [0.000]	一阶单整
人口自然增长率	pop_g	(C,N)	-2.125 [0.017]	2.689 [0.996]	43.400 [0.923]	66.864 [0.199]	
	D(pop_g)	(C,N)	-4.611 *** [0.000]	-1.821 ** [0.034]	93.298 *** [0.002]	335.458 *** [0.000]	一阶单整

续表

指标	变量	检验类型	LLC	IPS	Fisher-ADF	Fisher-PP	检验结果
65 岁及以上人口占比	pop_65	(C,N)	0.772 [0.780]	10.516 [1.000]	9.354 [1.000]	14.727 [1.000]	一阶单整
	D(pop_65)	(C,N)	-13.442*** [0.000]	-12.383*** [0.000]	334.375*** [0.000]	707.688*** [0.000]	
养老保险覆盖率	pen_c	(C,N)	-6.206*** [0.000]	-3.950*** [0.000]	102.140*** [0.000]	69.483** [0.044]	平稳
养老保险贡献率	pen_cr	(C,N)	-3.516*** [0.000]	-2.634*** [0.004]	88.741*** [0.006]	185.729*** [0.000]	平稳
养老保险替代率	pen_sr	(C,T)	-2.971*** [0.002]	-3.819*** [0.000]	115.098*** [0.000]	114.352*** [0.000]	趋势平稳
人均养老保险基金结余	lpc_pb	(C,N)	-2.059** [0.020]	0.317 [0.624]	38.997 [0.974]	50.345 [0.752]	一阶单整
	D(lpc_pb)	(C,N)	-10.880*** [0.000]	-5.295*** [0.000]	185.182*** [0.000]	234.999*** [0.000]	
城镇登记失业率	une_r	(C,N)	-4.902*** [0.000]	-5.078*** [0.000]	161.913*** [0.000]	83.764** [0.015]	平稳

注：lx 表示变量 x 的对数序列；D(x) 表示变量 x 的差分序列；(C,N) 和 (C,T) 分别表示单位根检验时选择包含截距（无趋势）、截距、趋势两种检验模式；[ ] 中值为 P 值。

6.2 养老保险对城镇居民消费影响的局部均衡模型实证分析

6.2.1 生命周期假说、养老保险与居民消费

1. 计量经济模型构建

根据式 (5.13)，生命周期假说下包含人口特征的消费动态路径为：

$$E_t c_{t+1} = \frac{1}{\psi} c_t + \left(1 - \frac{1}{\psi} \right) \bar{c} \tag{6.2}$$

根据等比数列求和公式，可知：

$$\frac{1}{\psi} = \frac{1}{1 - (1 - \psi)} \approx 1 - (\psi - 1) \tag{6.3}$$

其中，$(\psi - 1)$ 表示人口特征变量的相对变化。

品位变换因子 Ψ 包含了代表性消费者的年龄、家庭人口数和家庭人口结构等因素，则可定义为：

$$\Psi_t = \Psi(t, f\_num, f\_str, \cdots) \tag{6.4}$$

其中，f_num 表示家庭人口数，f_str 表示家庭人口年龄结构。

根据泰勒级数展开式：

$$\Delta \Psi_t \approx K_1 \Delta f\_num_t + K_2 \Delta f\_str_t + \cdots \tag{6.5}$$

其中，$K_1 = \left. \dfrac{\partial \Psi}{\partial f\_num} \right|_{\substack{f\_num_{t-1} \\ f\_str_{t-1}}}$，$K_2 = \left. \dfrac{\partial \Psi}{\partial f\_str} \right|_{\substack{f\_num_{t-1} \\ f\_str_{t-1}}}$。

则有：

$$\frac{\Delta \Psi_t}{\Psi_{t-1}} \approx \frac{K_1 f\_num_{t-1}}{\Psi_{t-1}} \frac{\Delta f\_num_t}{f\_num_{t-1}} + \frac{K_2 f\_str_t}{\Psi_{t-1}} - \frac{K_2 f\_str_{t-1}}{\Psi_{t-1}} \cdots \tag{6.6}$$

$$(\psi - 1) = K_1' \frac{\Delta f\_num}{f\_num} + K_2' f\_str + \cdots \tag{6.7}$$

可见，$(\psi - 1)$ 可近似用人口增长率、人口出生率和老年人口占比等人口特征变量的多项式表示。由于养老保险影响人口特征变量，则生命周期假说下消费动态路径可用面板数据计量经济模型表示如下：

$$c_{it} = \lambda_i + \gamma_t + \beta_1 c_{it-1} + \beta_2 p_{it} + \beta_3 \psi_{it} + \beta_4 \psi_{it} X_{it} + \beta_5 p_{it} X_{it} + \varepsilon_{it} \tag{6.8}$$

其中，i 代表地区；t 代表年份；λ 代表个体效应；γ 代表时点效用；p 表示养老保险相关变量；ψ 表示人口特征相关变量；pX 和 ψX 分别表示养老保险变量、人口特征变量与其他解释变量的交互乘积项；ε 为随机扰动项，反映随机因素、遗漏变量及设定误差等对模型的影响。

由式（5.22）可知：

$$c_t = \begin{cases} \left(\dfrac{1}{r\psi} - \dfrac{1}{r}\right)\bar{c} + \left[(1+r) - \dfrac{1}{\psi}\right](A_t + HW_t) & (1+r)\psi > 1 \\[3mm] \left[1 - \dfrac{(1+r)}{r(T-t+1)}\right]\bar{c} + \dfrac{(1+r)}{T-t+1}(A_t + HW_t) & (1+r)\psi = 1 \\[3mm] \left[1 - \dfrac{(1+r)\psi - 1}{(1-q^{T-t})r\psi}\right]\bar{c} + \dfrac{(1+r)\psi - 1}{(1-q^{T-t})\psi}(A_t + HW_t) & (1+r)\psi < 1 \end{cases} \tag{6.9}$$

可见，消费支出同样可以近似表示为人口特征变量、预期收入、养老保险变量及交互乘积项的线性函数。根据式（6.7）和式（6.9），生命周期假说下消费函数可用面板数据计量经济模型表示如下：

$$c_{it} = \lambda_i + \gamma_t + \beta_1 y_{it} + \beta_2 p_{it} + \beta_3 \psi_{it} + \beta_4 p_{it} X_{it} + \beta_5 \psi_{it} X_{it} + \varepsilon_{it} \tag{6.10}$$

2. 模型设定

面板数据模型主要包括混合模型、固定效应模型和随机效应模型。其中，对于固定效应模型，认为个体或时点影响与解释变量可以任意相关；对于随机效应模型，认为个体或时点影响与解释变量不相关。因此，不同的模型形式，适合选用不同的估计方法。模型设定正确与否，将直接决定模型估计结果与现实经济之间的偏离程度。判断模型应设定为混合回归模型还是固定效应回归模型，一般采用无约束模型和有约束模型回归残差平方和构造 F 统计量加以推断。以检验个体固定效应回归模型为例，F 检验的零假设和被择假设分别为：

$H_0 : \lambda_i = \lambda$，真实模型为混合回归模型。

H_1：模型中不同个体的截距项 λ_i 不同，真实模型为个体固定效应回归模型。

F 统计量定义为：

$$F = \frac{(SSE_r - SSE_u)/(N-1)}{SSE_u/(NT-N-k)} \tag{6.11}$$

其中，SSE_r 表示约束模型，即混合回归模型的残差平方和；SSE_u 表示非约束模型，即个体固定效应回归模型的残差平方和；k 表示解释变量个数。检验时，若 F 值大于给定置信水平下的临界值，则拒绝零假设，认为模型应设定为个体固定效应模型。

判断模型设定成随机效应模型还是固定效应模型，一般采用 Hausman χ^2 检验方法。Hausman 检验的零假设和备择假设分别为：

$$H_0 : plim(\widehat{\beta_{FE}} - \widehat{\beta_{RE}}) = 0$$

$$H_1 : plim(\widehat{\beta_{FE}} - \widehat{\beta_{RE}}) \neq 0$$

Hausman 检验的统计量为：

$$(\widehat{\beta_{FE}} - \widehat{\beta_{RE}})'[\widehat{Var(\beta_{FE})} - \widehat{Var(\beta_{RE})}]^{-1}(\widehat{\beta_{FE}} - \widehat{\beta_{RE}}) \xrightarrow{d} \chi^2(k) \tag{6.12}$$

检验时，若 χ^2 值大于给定置信水平下的临界值，则拒绝零假设，同样认为模型应该设定为个体固定效应模型。

以模型（6.8）的简化形式（不含人口特征变量、养老保险变量和交互项）为例，即对随机游走消费模型的设定检验，检验结果见表6.4。可见，F 检验和 Hausman 检验都拒绝原假设，模型应设定为个体时点固定效应模型。

表6.4　　　　　　　　随机游走消费模型设定检验

项目	检验形式	检验统计量	结论	模型设定
F 统计量	个体效应	0.520 [0.982]	个体混合	个体时点固定效应
	时期效应	45.859 *** [1.000]	时点固定	
	个体时期效应	25.360 *** [0.000]	个体时点固定	
χ^2 统计量	个体效应	0.560 [0.9673]	个体随机	
	时期效应	7.695 *** [0.006]	时点固定	
	个体时期效应	6.88 *** [0.0087]	个体时点固定	

3. 模型估计和检验

由于回归模型中包含了人口特征、养老保险等多个层面变量，因此，本书采用逐步回归方法将各影响变量逐步加入回归模型中。其中，为了降低模型的异方差水平，城镇居民人均可支配收入、人均消费支出和人均养老保险基金结余都采用对数形式；养老保险替代率采用退势后的序列，用 tpen_ sr 表示。

对于模型（6.8），解释变量里包含了被解释变量的滞后期，属于动态面板数据模型。尼克尔（Nickell, 1981）认为在"小 T 大 N"条件下，由于组内变换，滞后因变量和误差项相关，即可能产生组内估计量不一致问题。对于该问题，较好处理办法是采用

GMM 估计方法，对原始模型取一阶差分，然后直接使用 IV 估计方法。由于本书样本数据在时间维度上跨度 27 年，不属于短动态面板，则认为动态面板偏差较小。同时，模型中包含多个解释变量，且有交互乘积项，差分处理会使很多解释变量失去经济意义。因此，本书在局部均衡研究框架下不考虑动态面板偏差问题。经过模型设定检验后，模型（6.8）和模型（6.10）全部选择个体时点固定效应模型，估计结果分别见表 6.5 和表 6.6。

回归结果显示，对于模型（6.8），调整后 R^2 为 0.998，F 统计量为 4072.93；对于模型（6.10），调整后 R^2 为 0.997，F 统计量为 2826.57，模型整体上都是显著的。回归结果的 t 统计量显示，在 5% 的显著性水平下，选择的人口特征变量、养老保险变量及交互乘积项对城镇居民人均消费支出都有显著影响。

表 6.5　　　　生命周期假说下消费动态路径估计结果

	变量	（1）	（2）	（3）	（4）
项目	cons	1.207 *** (8.93)	1.868 *** (3.90)	0.593 (1.93)	1.338 ** (4.78)
	lpc_ rc（ - 1）	0.863 *** (- 3.34)	0.788 *** (14.84)	0.949 *** (26.77)	0.848 *** (11.89)
人口统计量 ψ	b_ r		- 0.485 ** (- 2.10)		- 0.493 * (- 1.92)
	pop_ g		0.049 ** (2.26)		0.056 ** (2.46)
	pop_ 65		0.032 ** (2.28)		0.054 *** (3.10)
养老保险 p	pen_ c			0.003 ** (2.43)	
	pen_ cr			0.004 ** (2.28)	0.005 *** (2.59)

续表

项目	变量	(1)	(2)	(3)	(4)
养老保险 p	tpen_ sr			0.001 * (2.19)	0.003 * (2.71)
	lpc_ pb			0.034 ** (2.12)	
交互项	b_ r × lpc_ rc (-1)		0.054 ** (2.09)		0.055 * (1.89)
	pop_ g × lpc_ rc (-1)		-0.005 ** (-2.15)		-0.006 ** (-2.34)
	pop_ 65 × lpc_ rc (-1)		-0.003 ** (-2.10)		-0.006 *** (-2.94)
	pen_ c × lpc_ rc (-1)			-0.0004 ** (-2.47)	
	pen_ cr × lpc_ rc (-1)			-0.001 ** (-2.26)	-0.001 ** (-2.56)
	tpen_ sr × lpc_ rc (-1)			-0.0001 * (-1.22)	-0.000 4 * (-1.79)
控制 变量	une_ r		-0.008 *** (-4.05)	-0.008 *** (-3.77)	-0.009 *** (-4.01)
	$\bar{R}^2$	0.997	0.998	0.998	0.998
	F	5 063.99 ***	4 641.17 ***	4 357.28 ***	4 072.93 ***
	DW	2.048	2.081	2.283	2.098
	模型设定	个体时点 固定效应	个体时点 固定效应	个体固定 效应	个体时点 固定效应

注：( ) 中值为 t 值。

表 6.6 生命周期假说下消费函数估计结果

项目	变量	(1)	(2)	(3)	(4)
项目	Cons	0.474** (2.46)	-2.158*** (-3.77)	-0.412 (-1.11)	-2.73*** (-3.85)
	lpc_ ri	0.922*** (41.32)	1.213*** (-19.74)	1.026*** (24.31)	1.287*** (16.54)
人口统计量 ψ	b_ r		0.835*** (3.15)		0.567* (1.94)
	pop_ g		-0.001** (-4.03)		0.009** (4.36)
	pop_ 65		0.106*** (6.74)		0.145*** (7.31)
养老保险 p	pen_ c			-0.004** (-2.25)	-0.006*** (-2.90)
	pen_ cr			0.006*** (2.89)	0.01*** (4.43)
	tpen_ sr			-0.012** (-2.47)	
	lpc_ pb			0.165*** (4.67)	0.125*** (3.36)
交互项	b_ r × lpc_ ri		-0.094*** (-3.29)		-0.066** (-2.08)
	pop_ g × lpc_ ri		0.0003*** (3.10)		-0.001*** (-3.23)
	pop_ 65 × lpc_ ri		-0.012*** (-6.86)		-0.016*** (-7.54)
	pen_ c × lpc_ ri			0.0004** (2.24)	0.001*** (2.75)
	pen_ cr × lpc_ ri			-0.001*** (-2.88)	-0.001*** (-4.44)

续表

项目	变量	(1)	(2)	(3)	(4)
交互项	tpen_ sr × lpc_ ri			0.001 ** (2.30)	
	lpc_ pb × lpc_ ri			− 0.018 *** (− 4.63)	− 0.014 *** (− 3.35)
控制变量	une_ r		− 0.005 ** (− 2.02)	− 0.006 ** (− 2.39)	− 0.006 ** (− 2.25)
$\bar{R}^2$		0.996	0.996	0.996	0.997
F		3 298.93 ***	3 269.77 ***	2 764.60 ***	2 826.57 ***
DW		0.617	0.633	0.667	0.702
模型设定		个体时点固定效应	个体时点固定效应	个体时点固定效应	个体时点固定效应

注：交互乘积项都为平稳或一阶单整序列，限于篇幅，检验结果不在书中呈现。

为了验证选择的人口特征变量、养老保险变量及交互乘积项是否显著改进了模型，本书采用面板数据冗余变量检验方法。由表6.7可知，对于模型（6.8）和模型（6.10），人口特征变量、养老保险变量及交互乘积项对应的 F 统计量和 χ^2 统计量都显著大于5%显著性水平下的临界值。因此，这些变量都不是冗余变量，而且显著提高了模型的拟合效果，同时也拒绝了我国城镇居民人均消费支出服从随机游走的假定。

表6.7　　　　　　　　　　冗余变量检验

模型	检验变量	F 检验		LR 检验	
		F 统计量	Prob.	χ^2 统计量	Prob.
模型（6.8）	ψ	4.08 ***	0.007	13.38 ***	0.004
	p	3.09 **	0.041	9.17 **	0.037
	交互项	2.73 ***	0.009	20.78 ***	0.004
	une_ r	16.09 ***	0.000	17.54 ***	0.000

续表

模型	检验变量	F 检验		LR 检验	
		F 统计量	Prob.	χ^2 统计量	Prob.
模型 (6.10)	ψ	21.63 ***	0.000	68.36 ***	0.000
	p	9.78 ***	0.000	41.96 ***	0.000
	交互项	16.88 ***	0.000	120.18 ***	0.000
	une_ r	5.08 **	0.025	5.58 **	0.018

对于模型 (6.10)，城镇居民人均可支配收入和人均消费支出
的对数序列都为一阶单整序列，且 DW 值仅为 0.702，则模型可能
存在虚假回归问题，因此有必要对其进行协整检验。面板数据协整
检验，主要包括两类方法：一类是基于面板数据回归式残差单位根
检验的面板协整检验，即 Kao 检验（Kao test），如高（Kao, 1999）
等；一类是推广 Johansen 迹检验方法的面板协整检验，如拉尔森
（Larsson, 2001）等。由于模型中包含了较多解释变量及交互乘积
项，因此本书仅从残差角度对模型 (6.10) 进行协整检验，即选用
Kao 检验。由表 6.8 可知，残差的 ADF 值为 - 3.284，在 1% 显著性
水平下拒绝了变量之间不存在协整关系的原假设。因此，变量之间
存在长期均衡关系，模型 (6.10) 的构建是合理的。

表 6.8　　　　　　模型 (6.10) 协整检验结果

	t – Statistic	Prob.
ADF	- 3.284 ***	0.0005
Residual variance	0.001	
HAC variance	0.000	

4. 估计结果的经济含义

由于模型中包含了交互项，这使得对系数经济含义的阐释变得更
为复杂。伍德里奇（Wooldridge, 2008）认为对于包含交互项的模型：

$$y = \beta_0 + \beta_1 x_1 + \beta_2 x_2 + \beta_3 x_1 x_2 + u \qquad (6.13)$$

解释变量 x_2 对 y 的偏效应（保持所有其他变量不变）为：$\Delta y/\Delta x_1 = \beta_1 + \beta_3 x_2$，此时可将 x_2 的均值或中位数代入计算。因此，可计算模型（6.10）中主要解释变量对城镇居民人均消费支出的偏效应，结果见表 6.9。

表 6.9　　模型（6.10）中主要解释变量的偏效应

解释变量	回归系数	均值	偏效应
lpc_ ri	1. 287	9. 040	0. 249 48
b_ r	0. 567	12. 077	− 0. 029 64
pop_ g	0. 009	5. 940	− 0. 000 04
pop_ 65	0. 145	8. 831	0. 000 36
pen_ c	− 0. 006	65. 790	0. 003 04
pen_ cr	0. 01	56. 159	0. 000 96
lpc_ pb	0. 125	7. 345	− 0. 001 56
une_ r	− 0. 006	3. 414	− 0. 006

根据表 6.9，可得以下结论：

（1）收入增长是消费扩张的主要驱动力。在其他变量不变情况下，城镇居民人均可支配收入每增长 1%，城镇居民人均消费支出平均增长 24.948%。

（2）人口特征从多方面影响着居民消费水平，人口出生率、人口增长率的下降，以及 65 岁及以上人口占比的上升都促进了居民消费水平的提升。在其他变量不变的情况下，人口出生率每下降 1 个千分点，城镇居民人均消费支出平均增长 2.964%；人口增长率每下降 1 个千分点，城镇居民人均消费支出平均增长 0.004%；65 岁及以上人口占比每上升 1 个百分点，城镇居民人均消费支出平均增长 0.036%。

（3）养老保险对城镇居民人均消费支出的影响是复杂的，在其他变量不变的情况下，养老保险覆盖率每提高 1 个百分点，城镇居民人均消费支出平均增长 0.304%；养老保险贡献率每提高 1 个百分点，城镇居民人均消费支出平均增长 0.096%；人均养老保险基金结余每提高 1%，城镇居民人均消费支出平均下降 0.156%。

（4）就业压力明显抑制了居民消费水平的提升。模型（6.10）中也包含了城镇登记失业率这一控制变量，回归结果显示，城镇登记失业率每下降 1 个百分点，城镇居民人均消费支出平均增长 0.6%。

由于模型（6.8）和模型（6.10）中没有包含预防性储蓄和习惯形成等因素，因此回归系数的合理性还有待进一步验证。

6.2.2　预防性储蓄、养老保险与居民消费

1. 模型构建

对于式（5.31）中的预防性储蓄项 $\sigma^2_{\Delta \ln c_t}$，本书采用 $(\Delta \ln c_{it})^2$ 替代，这也与戴南（1993）提出的测算预防性储蓄动机的二阶泰勒展开式对应。因此，根据预防性储蓄理论下消费动态路径和消费函数，可分别构造面板数据计量模型如下：

$$\Delta \ln c_{it} = \lambda_i + \gamma_t + \beta_1 p_{it} + \beta_2 \psi_{it} + \beta_3 (\Delta \ln c_{it})^2 + \beta_4 p_{it} X_{it}$$
$$+ \beta_5 \psi_{it} X_{it} + \beta_6 (\Delta \ln c_{it})^2 X_{it} + \varepsilon_{it} \tag{6.14}$$

$$\ln c_{it} = \lambda_i + \gamma_t + \beta_1 \ln y_{it} + \beta_2 p_{it} + \beta_3 \psi_{it} + \beta_4 (\Delta \ln c_{it})^2 + \beta_5 p_{it} X_{it}$$
$$+ \beta_6 \psi_{it} X_{it} + \beta_7 (\Delta \ln c_{it})^2 X_{it} + \varepsilon_{it} \tag{6.15}$$

其中，$\Delta \ln c_{it} = \ln(1 + \Delta c_{it} / c_{it-1}) \approx \Delta c_{it} / c_{it-1}$，即可近似表示为消费增长率。

2. 模型估计和检验

经过模型设定检验后，模型（6.14）和模型（6.15）全部选择个体固定效应模型，估计结果分别见表 6.10 和表 6.11。回归结果显示，对于模型（6.14），调整后 R^2 为 0.835，F 统计量为 51.64；对于模型（6.15），调整后 R^2 为 0.996，F 统计量为 2553.40，模型整体上依然都是显著的。t 统计量显示，在 5% 显著

性水平下，选择的人口特征变量、养老保险变量、消费增长率平方序列及交互乘积项对城镇居民人均消费支出的增长率和对数序列都有显著影响。

表 6.10　　　　预防性储蓄理论下消费动态路径估计结果

	解释变量	(1)	(2)	(3)	(4)
项目	cons	0.031 *** (5.61)	- 0.077 ** (- 2.29)	0.052 *** (4.75)	- 0.077 ** (- 2.17)
	$[D(lpc\_rc)]^2$	4.94 *** (19.92)	14.882 *** (4.80)	4.764 *** (3.73)	13.732 *** (3.88)
人口统计量 ψ	b_r		0.051 *** (2.94)		0.036 ** (2.05)
	pop_g		- 0.004 *** (- 2.61)		- 0.003 *** (- 2.59)
	pop_65		0.002 *** (2.66)		0.004 *** (3.44)
养老保险 p	pen_c			- 0.000 1 ** (- 2.90)	- 0.000 2 ** (- 2.16)
	pen_cr			0.000 2 ** (- 2.13)	0.000 5 *** (3.44)
	tpen_sr			0.000 1 ** (3.20)	0.000 3 ** (3.13)
交互项	b_r × $[D(lpc\_rc)]^2$		- 2.385 *** (- 3.53)		0.350 ** (3.20)
	pop_g × $[D(lpc\_rc)]^2$		0.113 *** (4.77)		- 0.141 ** (- 2.86)
	pop_65 × $[D(lpc\_rc)]^2$		- 0.556 *** (- 6.92)		- 0.784 *** (- 7.71)
	pen_c × $[D(lpc\_rc)]^2$			- 0.011 ** (- 3.26)	0.017 * (3.74)

续表

	解释变量	（1）	（2）	（3）	（4）
交互项	pen_ cr × $[D (lpc\_ rc)]^2$			0.027 ** (2.40)	- 0.047 *** (- 3.38)
	tpen_ sr × $[D (lpc\_ rc)]^2$			- 0.029 ** (- 2.06)	- 0.015 ** (- 2.58)
控制 变量	une_ r		- 0.004 *** (- 3.30)	- 0.006 *** (- 4.43)	- 0.004 *** (- 3.11)
$\bar{R}^2$		0.800	0.830	0.812	0.835
F		51.73 ***	55.55 ***	48.94 ***	51.64 ***
DW		2.213	2.282	2.271	2.285
模型设定		个体时点 固定效应	个体时点 固定效应	个体 固定效应	个体 固定效应

表 6.11　　　　　预防性储蓄理论下消费函数估计结果

	解释变量	（1）	（2）	（3）	（4）
项目	cons	0.483 ** (2.35)	- 1.134 * (- 1.91)	0.72 ** (2.54)	- 1.041 (- 1.54)
	lpc_ ri	0.922 *** (38.89)	1.108 *** (17.33)	0.898 *** (27.53)	1.104 *** (14.98)
	$[D (lpc\_ rc)]^2$	0.887 *** (2.94)	- 7.533 ** (- 2.63)	- 6.885 ** (- 2.44)	- 6.567 ** (- 2.38)
人口统 计量 ψ	b_ r		0.817 *** (2.93)		0.776 ** (2.56)
	pop_ g		- 0.045 * (- 1.78)		- 0.05 * (- 1.93)
	pop_ 65		- 0.002 *** (- 2.16)		

续表

	解释变量	(1)	(2)	(3)	(4)
养老保险 p	pen_ c			-0.002^{***} (-3.36)	0.0001^{*} (2.03)
	pen_ cr			0.004^{*} (1.94)	0.004^{*} (1.70)
	tpen_ sr			-0.016^{***} (-3.25)	-0.013^{**} (-2.58)
交互项	$\{[D(lpc\_ rc)]^2\}$ $\times lpc\_ ri$		0.954^{*} (1.83)	0.871^{*} (1.62)	0.844^{*} (1.58)
	b_ r $\times$ lpc_ ri		-0.093^{***} (-3.10)		-0.089^{***} (-2.73)
	pop_ g $\times$ lpc_ ri		0.005^{*} (1.73)		0.005^{*} (-1.89)
	pen_ c $\times$ lpc_ ri			0.0002^{*} (-2.32)	-0.00002^{*} (-2.10)
	pen_ cr $\times$ lpc_ ri			-0.001^{*} (-1.93)	-0.0005^{*} (-1.70)
	tpen_ sr $\times$ lpc_ ri			0.002^{***} (-3.26)	0.001^{**} (2.54)
	lpc_ pb $\times$ lpc_ ri			0.00003^{***} (2.08)	-0.0002^{***} (-2.52)
控制变量	une_ r		-0.004^{***} (-2.42)	-0.004^{***} (-2.55)	-0.003^{***} (-2.17)
	$\bar{R}^2$	0.996	0.996	0.996	0.996
	F	3074.34^{***}	2860.47^{***}	2673.88^{***}	2553.40^{**}
	DW	0.465	0.508	0.580	0.627
	模型设定	个体固定效应	个体时点固定效应	个体固定效应	个体固定效应

通过面板数据冗余变量检验，人均消费支出增长率平方序列和交互乘积项对应的 F 统计量和 χ^2 统计量在 5% 水平下都是显著的，即这些变量都应该包含在相应的回归式中，检验结果见表 6.12。因此，有理由拒绝我国城镇居民消费行为服从生命周期假说的假定。由表 6.13 可知，模型（6.15）Kao 检验对应的残差 ADF 值为 -2.604，在 1% 的显著性水平下拒绝了变量之间不存在协整关系的原假设。

表 6.12 冗余变量检验

模型	检验变量	F 检验		L 检验	
		F 统计量	Prob.	χ^2 统计量	Prob.
模型（6.14）	$[\,\mathrm{D}\,(\mathrm{lpc\_rc})\,]^2$	15.04 ***	0.000	16.35 ***	0.000
	交互项	16.93 ***	0.000	104.14 ***	0.000
模型（6.15）	$[\,\mathrm{D}\,(\mathrm{lpc\_rc})\,]^2$	3.20 ***	0.000	19.36 ***	0.000
	交互项	4.59 ***	0.000	89.955 ***	0.000

表 6.13 模型（6.15）协整检验结果

	t – Statistic	Prob.
ADF	-2.604 ***	0.005
Residual variance	0.000	
HAC variance	0.000	

3. 估计结果的经济含义

根据模型（6.14）和模型（6.15）的回归结果，可计算各个解释变量对城镇居民人均消费支出的偏效应，见表 6.14。可见，我国城镇居民储蓄中确实存在预防性储蓄动机，相对风险规避系数为 2 × 8.34，即为 16.68，则有理由认为城镇居民是风险规避型的。预防性储蓄理论下，依然可以证明养老保险对城镇居民消费的影响是显著的。

从模型（6.14）来看，养老保险贡献率、养老保险替代率与消费增长率呈正相关关系，而养老保险覆盖率与消费增长率呈负相关关系。可见，养老保险究竟是平滑了消费还是导致消费更加敏感，取决于各参数对消费增长率的综合影响。

从模型（6.15）来看，在其他变量不变的情况下，养老保险覆盖率每增加 1 个百分点，城镇居民人均消费支出平均下降 0.008%；养老保险贡献率每提高 1 个百分点，城镇居民人均消费支出平均下降 0.052%。

表 6.14　模型（6.14）和模型（6.15）中主要解释变量的偏效应

模型	解释变量	系数	均值	偏效应
模型（6.14）	$[D\ (lpc\_\ rc)]^2$	13.732	0.005	8.34197
	b_ r	0.036	12.077	0.037 75
	pop_ g	− 0.003	5.940	− 0.003 71
	pop_ 65	0.004	8.831	0.000 08
	pen_ c	− 0.000 2	65.790	− 0.000 12
	pen_ cr	0.000 5	56.159	0.000 27
	tpen_ sr	0.000 3	22.326	0.000 23
	une_ r	− 0.004	3.414	− 0.004
模型（6.15）	lpc_ ri	1.104	9.040	0.056 00
	$[D\ (lpc\_\ rc)]^2$	− 6.567	0.005	1.062 76
	b_ r	0.776	12.077	− 0.028 56
	pop_ g	− 0.05	5.940	− 0.004 80
	pen_ c	0.0001	65.790	− 0.000 08
	pen_ cr	0.004	56.159	− 0.000 52
	ten_ sr	− 0.013	22.326	− 0.003 96
	une_ r	− 0.003	3.414	− 0.003

6.2.3　习惯形成、养老保险与居民消费

1. 模型构建

根据习惯形成理论下代表性消费者的消费动态路径和消费函数，可构造面板数据计量模型如下：

$$\Delta \ln c_{it} = \lambda_i + \gamma_t + \beta_1 \Delta \ln c_{it-1} + \beta_2 p_{it} + \beta_3 \psi_{it} + \beta_4 (\Delta \ln c_{it})^2 +$$
$$+ \beta_5 (\Delta \ln c_{it-1}) X_{it} + \beta_6 p_{it} X_{it} + \beta_7 \psi_{it} X_{it} + \beta_8 (\Delta \ln c_{it})^2 X_{it} + \varepsilon_{it}$$

$$(6.16)$$

$$\ln c_{it} = \lambda_i + \gamma_t + \beta_1 \ln c_{it-1} + \beta_2 \ln y_{it} + \beta_3 p_{it} + \beta_4 \psi_{it} + \beta_5 (\Delta \ln c_{it})^2$$
$$+ \beta_6 (\Delta \ln c_{it-1}) X_{it} + \beta_7 p_{it} X_{it} + \beta_8 \psi_{it} X_{it} + \beta_9 (\Delta \ln c_{it})^2 X_{it} + \varepsilon_{it}$$

$$(6.17)$$

2. 模型估计和检验

经过模型设定检验后，模型（6.16）和模型（6.17）全部选择个体固定效应模型，估计结果见表 6.15 和表 6.16。回归结果显示，对于模型（6.16），调整后 R^2 为 0.835，F 统计量为 49.50；对于模型（6.17），调整后 R^2 为 0.999，F 统计量为 10507.22，模型整体上依然是显著的。模型的 t 统计量显示，在 5% 显著性水平下，选择的人口特征变量、养老保险变量、预防性储蓄、消费习惯及交互乘积项对城镇居民人均消费支出都有显著影响。

表 6.15　　习惯形成理论下的消费动态路径估计结果

	解释变量	（1）	（2）	（3）	（4）
项目	Cons	0.007 (1.22)	− 0.096 *** （− 2.76）	0.036 *** (3.24)	− 0.092 ** （− 2.51）
	D［lpc_ rc（ −1）]	0.018 (0.69)	0.005 (0.22)	0.008 (0.32)	0.005 (0.20)
	［D（lpc_ rc）]^2	4.849 *** (28.98)	14.006 *** (4.42)	3.772 *** (2.84)	11.692 *** (3.19)
人口统计量 ψ	b_ r		0.05 *** (2.79)		0.034 * (1.85)
	pop_ g		− 0.004 ** （− 2.35）		− 0.002 ** （− 2.34）
	pop_ 65		0.002 ** (2.48)		0.004 *** (3.83)

续表

	解释变量	(1)	(2)	(3)	(4)
养老保险 p	pen_ c			−0. 000 1 (−1. 27)	−0. 000 2 *** (−2. 42)
	pen_ cr			−0. 000 3 ** (−2. 28)	0. 000 5 *** (3. 40)
	tpen_ sr			0. 000 1 *** (3. 52)	0. 000 1 *** (3. 21)
交互项	b_ r × [D (lpc_ rc)]²		−1. 878 (−1. 17)		1. 287 ** (2. 02)
	pop_ g × [D (lpc_ rc)]²		0. 048 (0. 31)		−0. 245 *** (−2. 67)
	pop_ 65 × [D (lpc_ rc)]²		−0. 559 *** (−6. 82)		−0. 807 *** (−7. 70)
	pen_ c × [D (lpc_ rc)]²			−0. 005 (−0. 56)	0. 022 ** (2. 19)
	pen_ cr × [D (lpc_ rc)]²			0. 03 *** (2. 59)	−0. 048 *** (−3. 32)
	tpen_ sr × [D (lpc_ rc)]²			−0. 015 *** (−3. 54)	−0. 005 7 *** (−3. 21)
控制变量	une_ r		−0. 004 *** (−3. 08)	−0. 006 *** (−3. 85)	−0. 005 *** (−3. 09)
	$\bar{R}^2$	0. 803	0. 830	0. 813	0. 835
	F	50. 56 ***	53. 10 ***	47. 15 ***	49. 50 ***
	DW	1. 935	2. 150	2. 116	2. 120
	模型设定	个体固定 效应	个体时点 固定效应	个体固定 效应	个体固定 效应

表 6.16　　　　习惯形成理论下的消费函数估计结果

	解释变量	(1)	(2)	(3)	(4)
项目	cons	0.121 (1.14)	0.788 ** (2.32)	0.052 (0.50)	0.795 ** (2.76)
	lpc_ ri	0.166 *** (7, 91)	0.402 ** (2.37)	0.239 ** (2.45)	0.438 ** (2.41)
	lpc_ rc (−1)	0.819 *** (44.07)	0.497 (1.55)	0.751 *** (7.55)	0.46 *** (4.36)
	$[D (lpc\_ rc)]^2$	4.205 *** (24.37)	21.135 *** (8.74)	19.877 *** (7.90)	19.933 *** (7.92)
人口统计量 ψ	b_ r		−0.354 ** (−2.22)		−0.364 ** (−2.23)
	pop_ g		0.017 ** (2.21)		0.017 ** (2.15)
养老保险 p	pen_ cr			0.000 1 (0.06)	0.000 1 ** (0.02)
交互项	b_ r × lpc_ ri		−0.106 ** (−2.70)		−0.047 ** (−2.31)
	pop_ g × lpc_ ri		0.002 ** (2.15)		−0.003 ** (−2.18)
	$\{[D (lpc\_ rc)]^2\}$ × lpc_ ri		−7.945 *** (−3.98)		−7.800 *** (−3.89)
	b_ r × lpc_ rc (−1)		0.151 ** (3.91)		0.091 ** (3.54)
	pop_ g × lpc_ rc (−1)		−0.004 ** (−3.28)		0.001 ** (−3.04)
	$\{[D(lpc\_ rc)]^2\}$ × lpc_ rc (−1)		6.33 *** (3.15)	6.35 *** (3.16)	6.313 *** (3.13)

续表

项目	解释变量	(1)	(2)	(3)	(4)
交互项	lpc_ pb × lpc_ ri			− 0. 009 ** (− 2. 76)	
	lpc_ pb × lpc_ rc (− 1) (− 1)			0. 01 ** (− 2. 77)	
控制 变量	une_ r		− 0. 004 *** (− 3. 26)	− 0. 005 *** (− 4. 03)	− 0. 005 *** (− 3. 31)
	$\bar{R}^2$	0. 999	0. 999	0. 999	0. 999
	F	11 451. 48 ***	11 049. 07 ***	11 337. 50 ***	10 507. 22 **
	DW	2. 040	2. 141	2. 281	2. 127
	模型设定	个体固定 效应	个体时点 固定效应	个体固定 效应	个体固定 效应

通过面板数据冗余变量检验，人均消费支出增长率平方序列和交互乘积项对应的 F 统计量、χ^2 统计量在 5% 水平下都是显著的，检验结果见表 6. 17。对于模型（6. 16），不管是 t 检验还是冗余变量检验，都证实人均消费支出增长率的滞后一期为冗余变量，即认为消费习惯并不明显支配着城镇居民的消费行为。而对于模型（6. 17），人均消费支出对数序列的滞后一期对应的 t 检验和冗余变量检验都是显著的，则认为当前消费水平受过去消费水平的影响。由表 6. 18 可知，Kao 检验对应的残差 ADF 值为 − 9. 010，在 1% 的显著性水平下拒绝了变量之间不存在协整关系的原假设。

表 6. 17　　　　　　　　　　　冗余变量检验

模型	检验变量	F 检验		LR 检验	
		F 统计量	Prob.	χ^2 统计量	Prob.
(6. 16)	D [lpc_ rc (− 1)]	82. 69 ***	0. 000	2. 907 *	0. 067
	[D (lpc_ rc)]²	10. 16 ***	0. 002	11. 13 ***	0. 001
	交互项	15. 23 ***	0. 000	90. 40 ***	0. 000

续表

模型	检验变量	F 检验		LR 检验	
		F 统计量	Prob.	χ^2 统计量	Prob.
(6.17)	lpc_ rc（-1）	3.41 **	0.045	4.74 **	0.043
	$[D (lpc\_ rc)]^2$	75.63 ***	0.000	78.75 ***	0.000
	交互项	10.87 ***	0.000	68.39 ***	0.000

表 6.18　　　　　　　　模型（6.17）协整检验结果

	t – Statistic	Prob.
ADF	-9.010	0.000
Residual variance	0.000	
HAC variance	0.000	

3. 估计结果的经济含义

由于模型（6.17）解释变量中包含了被解释变量的滞后一期，则对系数的理解需考虑长期影响乘数，以自回归模型为例：

$$y_t = \beta_0 + \beta_1 y_{t-1} + \beta_2 x_t + u_t \tag{6.18}$$

x 对 y 的即期影响乘数和长期影响乘数分别为 β_2 和 $\beta_2/(1 - \beta_1)$。根据表 6.15 和表 6.16 的估计结果，可计算主要解释变量对城镇居民人均消费支出的即期影响和长期影响，见表 6.19。由模型（6.16）可知，加入消费习惯后，我国城镇居民的预防性储蓄也有所下降，相对风险规避系数为 9.79；养老保险覆盖率、养老保险贡献率和养老保险替代率三个变量与消费增长率都呈正相关关系。

由模型（6.17）可知，在其他变量不变的情况下，养老保险贡献率每提高 1 个百分点，城镇居民人均消费支出平均提高 0.1%。

表 6.19　模型（6.16）和模型（6.17）中主要解释变量的偏效应

模型	变量	系数	均值	即期效应	长期效应
模型（6.16）	$[D (lpc\_ rc)]^2$	11.692	0.005	4.894	
	D (lpc_ rc$_{t-1}$)	0.005	0.061	0.005	

续表

模型	变量	系数	均值	即期效应	长期效应
模型 (6.16)	b_ r	0.034	12.077	0.040	
	pop_ g	−0.002	5.940	−0.003	
	pop_ 65	0.004	8.831	0.001	
	pen_ c	−0.0002	65.790	0.0009	
	pen_ cr	0.0005	56.160	0.0003	
	tpen_ sr	0.0001	22.326	0.0001	
	une_ r	−0.005	3.414	−0.005	
模型 (6.17)	lpc_ ri	0.438	9.040	0.1267	0.960
	[D (lpc_ rc)]²	19.933	0.005	4.470	33.864
	lpc_ rc (−1)	0.46	8.720	0.868	
	b_ r	−0.364	2.445	0.0046	0.035
	pop_ g	0.017	5.940	−0.0014	−0.011
	pen_ cr	0.0001	56.160	0.0001	0.001
	une_ r	−0.005	3.414	−0.005	−0.038

6.2.4 流动性约束、养老保险与居民消费

1. 模型构建

对于式（5.78），泽兹（1989）认为在其他条件不变情况下可支配收入 Y_t 的增加将使流动性放松，即 $\bar{\lambda}_t$ 为收入 y_t 的负函数；李和萨瓦达（Lee and Sawada, 2007）建议 $\bar{\lambda}_t = \beta y_t$。对于我国消费者来说，借贷约束更多取决于消费者的收入增长趋势，本书假定流动性约束 $\bar{\lambda}_t$ 为收入预期增长率的函数，即 $\bar{\lambda}_t = \beta E_t(\Delta y_{t+1}/y_t)$。因此，流动性约束下的消费动态路径对应的计量模型可写为：

$$\Delta \ln c_{it} = \lambda_i + \gamma_t + \beta_1 \Delta \ln c_{it-1} + \beta_2 p_{it} + \beta_3 \psi_{it} + \beta_4 (\Delta \ln c_{it})^2 + \beta_5 \Delta \ln y_{it}$$
$$+ \beta_6 p_{it} X_{it} + \beta_7 \psi_{it} X_{it} + \beta_8 (\Delta \ln c_{it})^2 X_{it} + \varepsilon_{it}$$

$$(6.19)$$

$$\ln c_{it} = \lambda_i + \gamma_t + \beta_1 \ln c_{it-1} + \beta_2 \ln y_{it} + \beta_3 p_{it} + \beta_4 \psi_{it} + \beta_5 (\Delta \ln c_{it})^2$$
$$+ \beta_6 \Delta \ln y_{it} + \beta_7 \psi_{it} X_{it} + \beta_8 p_{it} X_{it} + \beta_9 (\Delta \ln c_{it})^2 X_{it} + \varepsilon_{it}$$

$$(6.20)$$

2. 模型估计和检验

经过模型设定检验后，模型（6.19）和模型（6.20）全部选择个体固定效应模型，估计结果见表6.20和表6.21。回归结果显示，对于模型（6.19），调整后 R^2 为0.853，F 统计量为55.86；对于模型（6.20），调整后 R^2 为0.999，F 统计量为11372.93，模型整体上是显著的。t 统计量显示，在5%显著性水平下，选择的人口特征变量、养老保险变量、预防性储蓄、习惯形成、流动性约束及交互乘积项对城镇居民人均消费支出都有显著影响。

表 6.20 流动性约束理论下城镇居民消费动态路径估计结果

	解释变量	(1)	(2)	(3)	(4)
项目	cons	-0.007 (-1.32)	-0.103 *** (-3.15)	0.009 (0.85)	-0.108 *** (-3.13)
	D [lpc_ rc (-1)]	-0.001 (-0.02)	-0.005 (-0.20)	-0.005 (-0.20)	-0.006 (-0.27)
	D2 (lpc_ rc)	3.955 *** (22.36)	12.276 *** (4.09)	4.181 *** (3.36)	11.641 *** (3.36)
	D (lpc_ ri)	0.399 *** (10.52)	0.336 *** (8.98)	0.375 *** (9.60)	0.336 *** (8.97)
人口统计 量 ψ	b_ r		0.048 *** (2.85)		0.035 ** (2.03)
	pop_ g		-0.004 ** (-2.56)		-0.002 * (-1.56)
	pop_ 65		0.002 ** (2.13)		0.003 *** (3.28)

续表

项目	解释变量	(1)	(2)	(3)	(4)
养老保险 p	pen_ c			0.000 1 (−1.07)	−0.000 2 ** (−2.14)
	pen_ cr			−0.000 2 * (−1.56)	0.000 5 *** (3.51)
	tpen_ sr			0.000 1 *** (3.30)	0.000 1 *** (3.56)
交互项	b_ r × [d (lpc_ rc)]²		−1.943 * (−1.28)		0.718 (0.42)
	pop_ g × [d (lpc_ rc)]²		0.092 * (0.64)		−0.163 (−1.01)
	pop_ 65 × [d (lpc_ rc)]²		−0.457 *** (−5.85)		−0.691 *** (−6.92)
	pen_ c × [d (lpc_ rc)]²			−0.011 ** (−2.27)	0.013 ** (2.37)
	pen_ cr × [d (lpc_ rc)]²			0.018 ** (2.61)	−0.049 *** (−3.59)
	tpen_ sr × [d (lpc_ rc)]²			−0.019 *** (−3.72)	−0.011 *** (−3.43)
控制变量	une_ r		−0.002 *** (−2.46)	−0.003 *** (−2.94)	−0.002 *** (−2.33)
	$\bar{R}^2$	0.831	0.849	0.836	0.853
	F	59.78 ***	59.82 ***	54.26 ***	55.86 ***
	DW	2.233	2.219	2.263	2.269
	模型设定	个体固定效应	个体固定效应	个体固定效应	个体固定效应

表 6.21　流动性约束理论下城镇居民消费函数估计结果

	解释变量	(1)	(2)	(3)	(4)
项目	cons	0.103 (1.02)	0.862 *** (2.61)	0.068 (0.68)	0.856 *** (2.59)
	pc_ri	0.105 *** (4.90)	0.359 (1.26)	0.03 (0.30)	0.358 ** (2.26)
	D2（lpc_rc）	3.714 *** (21.29)	17.647 *** (7.34)	17.629 *** (7.13)	17.683 *** (7.33)
	lpc_rc（-1）	0.883 *** (45.81)	0.531 * (1.70)	0.964 *** (9.41)	0.533 * (1.70)
	D（lpc_ri）	0.317 *** (8.43)	0.253 *** (6.63)	0.253 *** (6.33)	0.253 *** (6.63)
人口统计 量 ψ	b_r		-0.384 ** (-2.48)		-0.38 ** (-2.44)
	pop_g		0.021 ** (2.49)		0.02 ** (2.45)
养老保 险 p	pen_cr			0.0001 ** (-2.28)	0.0001 ** (-2.21)
交互项	b_r × lpc_ri		-0.105 *** (-2.72)		-0.105 *** (-2.71)
	pop_g × lpc_ri		0.0005 ** (2.03)		0.0004 ** (2.03)
	b_r × lpc_rc （-1）		0.154 *** (3.96)		0.153 *** (3.95)
	pop_g × lpc_rc （-1）		-0.003 ** (-2.20)		-0.003 ** (-2.19)
	{[d（lpc_rc）]^2} × lpc_ri		-7.03 *** (-3.62)	-7.102 *** (-3.66)	-7.057 *** (-3.63)
	{[d（lpc_rc）]^2} × lpc_rc（-1）		5.739 *** (2.94)	5.809 *** (2.97)	5.763 *** (3.359)

续表

项目	解释变量	(1)	(2)	(3)	(4)
交互项	lpc_ pb × lpc_ ri			0.011 * (2.94)	
	lpc_ pb × lpc_ rc (−1)			− 0.012 * (−2.93)	
控制 变量	une_ r		− 0.003 ** (−2.17)	− 0.003 *** (−2.81)	− 0.003 ** (−2.17)
$\bar{R}^2$		0.999	0.999	0.999	0.999
F		12 384.04 ***	11 561.32 ***	11 792.63 ***	11 372.93 ***
DW		2.273	2.247	2.370	2.247
模型设定		个体固定 效应	个体固定 效应	个体固定 效应	个体固定 效应

通过面板数据冗余变量检验，人均消费支出增长率平方序列、消费习惯、流动性约束和交互乘积项对应的 F 统计量和 χ^2 统计量在 5% 水平下都是显著的，即这些变量都应该包含在相应的模型中，检验结果见表 6.22。由表 6.23 可知，Kao 检验对应的残差 ADF 值为 − 10.445，在 1% 显著性水平下拒绝了变量之间不存在协整关系的原假设。因此，模型（6.19）和模型（6.20）代表了局部均衡理论下研究消费问题的一般形式。

表 6.22　　　　　　　　　　冗余变量检验

模型	检验变量	F 检验		LR 检验	
		F 统计量	Prob.	χ^2 统计量	Prob.
模型 (6.19)	D [lpc_ rc (−1)]	84.35 ***	0.000	3.499 *	0.061
	[D (lpc_ rc)]²	11.29 ***	0.000	12.37 ***	0.000
	D (lpc_ ri)	80.49 ***	0.000	83.91 ***	0.000
	交互项	12.85 ***	0.000	80.53 ***	0.000

续表

模型	检验变量	F 检验		LR 检验	
		F 统计量	Prob.	χ^2 统计量	Prob.
模型 (6.20)	lpc_ rc（−1）	2.90 *	0.089	3.18 *	0.0743
	D（lpc_ ri）	43.90 ***	0.000	46.77 ***	0.000
	[D（lpc_ rc）]²	53.76 ***	0.000	56.89 ***	0.000
	交互项	8.75 ***	0.000	55.60 ***	0.000

表 6.23　　　　　　　　模型（6.20）协整检验结果

	t − Statistic	Prob.
ADF	−10.445	0.000
Residual variance	0.000	
HAC variance	0.000	

3. 估计结果的经济含义

根据模型（6.19）和模型（6.20）的回归结果，可计算局部均衡研究框架下各解释变量对城镇居民人均消费支出的即期影响乘数和长期影响乘数，见表 6.24。可得结论如下：

表 6.24　模型（6.19）和模型（6.20）中主要解释变量的偏效应

模型	变量	系数	均值	即期效应	长期效应
模型 (6.19)	D（lpc_ rc（−1））	− 0.006	0.063	− 0.00600	
	[D（lpc_ rc）]²	11.641	0.005	15.76251	
	D（lpc_ ri）	0.336	0.069	0.33600	
	b_ r	0.035	12.077	0.03859	
	pop_ g	− 0.002	5.940	− 0.00282	
	pop_ 65	0.003	8.831	0.00219	
	pen_ c	− 0.0002	65.790	− 0.00014	
	pen_ cr	0.0005	56.159	0.00026	
	tpen_ sr	0.0001	22.326	0.00005	
	une_ r	− 0.002	3.414	− 0.002	

续表

模型	变量	系数	均值	即期效应	长期效应
模型 (6.20)	lpc_ ri	0.358	9.040	0.06800	0.829
	$[D (lpc\_ rc)]^2$	17.683	0.005	4.14100	50.500
	lpc_ rc (−1)	0.533	8.720	0.91800	
	D (lpc_ ri)	0.253	0.069	0.25300	3.085
	b_ r	−0.38	2.445	0.00496	0.060
	pop_ g	0.02	5.940	−0.00254	−0.031
	pen_ cr	0.0001	56.159	0.00010	0.001
	une_ r	−0.003	3.414	−0.00300	−0.037

（1）收入增长是我国城镇居民消费扩张的主要驱动力。由模型（6.20）可知，在其他变量不变情况下，城镇居民人均可支配收入每增长1%，我国城镇居民人均消费支出平均增长0.358%。

（2）消费习惯支配着我国城镇居民的消费行为。由模型（6.19）可知，消费增长率滞后一期的系数符号为负，这一方面说明我国城镇居民消费存在一定的持久性特征，另一方面也说明我国城镇居民消费增长路径存在过度平滑现象，如上期有较高的消费增长率，则本期将倾向降低消费支出水平，最终使得消费支出比可支配收入更加平滑。

（3）我国城镇居民消费存在过度敏感现象。模型（6.19）中收入增长率对消费增长率的偏效应为0.336，这说明我国城镇居民消费受流动性约束的影响，也可理解为存在短视行为。短视行为和习惯行为的共同作用，使我国城镇居民消费紧跟收入，但步调又不完全一致（见图6.1），这也为我国城镇居民消费支出与可支配收入两个变量不存在协整关系提供了合理解释。

（4）预防性储蓄是我国城镇居民高储蓄的主要原因。引入消费习惯和流动性约束后，我国城镇居民的预防性储蓄进一步下降，相对风险规避系数为2×15.763，即31.525。市场经济改革以来，我国经济持续快速发展。然而，教育和医疗等关系国计民生行业的市场化运作，也一定程度上增强了居民的储蓄动机。以医疗为例，

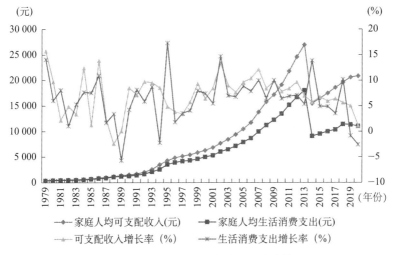

图 6.1 我国城镇居民历年收入和支出情况

2020 年综合医院门诊病人人均医药费为 324.4 元，出院病人人均医药费为 10619.2 元，分别是 1990 年水平的 29.77 倍和 22.43 倍。因此，我国城镇居民较强的预防性储蓄动机，更多源于支出的不确定性，而不是收入的不确定性。面对教育、医疗、养老及通胀等风险因素的影响，居民必然会增加储蓄以防范未来不确定性的发生。

（5）人口特征变量影响居民消费。由模型（6.19）可知，人口增长率与消费增长率负相关，人口出生率和 65 岁及以上人口占比与消费增长率正相关。由模型（6.20）可知，在其他变量不变情况下，人口出生率每上升 1%，长期来看消费平均增长 3.86%；人口增长率每下降 1 个千分点，长期来看消费平均增长 0.28%。可见，人口特征变量对居民消费的影响是复杂的，一方面，人口出生率下降、老龄化程度上升，迫使家庭增加对子女的教育支出和对老人的医疗支出；另一方面，人口增长率的持续下降，降低了居民教育支出的预期，增加了居民的养老担忧和预防性储蓄动机，为了维持消费水平在各年龄阶段的持续性，必然会增加当前消费、减少储蓄。

（6）养老保险制度有助于拉动我国城镇居民的消费需求。由模型（6.19）可知，养老保险贡献率、养老保险覆盖率和养老保险替代率与消费增长率都呈正相关关系。由模型（6.20）可知，在其他变量不变的情况下，养老保险贡献率每提高 1 个百分点，城镇居民人均消费支出平均提高 0.1%。可见，养老保险制度有助于拉动我国城镇居民的消费需求。然而由图 6.2 可知，1999 年以来，我国基本养老保险的覆盖率不断上升，而替代率持续下降，二者的反向发展使养老保险对城镇居民消费的影响出现一定程度上的内部抵消，这也可能是模型（6.20）中排除了养老保险覆盖率和养老保险替代率的合理原因。值得注意的是，自 2005 年《完善养老保险决定》发布以来，城镇职工的基本养老保险缴费比例统一为 28%，个体工商户和灵活就业人员的缴费比例统一为 20%。因此，通过统计年鉴数据计算的各地区养老保险贡献率（公式见表 6.1 中的备注栏）的差异，就必然体现了各地区养老保险财政补贴和个体、私营经济发展的差异。增加政府对养老基金的财政补贴，提高养老保险替代率，有助于提升居民消费支出水平。

（7）就业压力明显抑制了居民消费水平的提升。由模型（6.20）可知，在其他变量不变情况下，城镇登记失业率每下降 1 个百分点，长期来看城镇居民人均消费支出平均增长 3.7%。

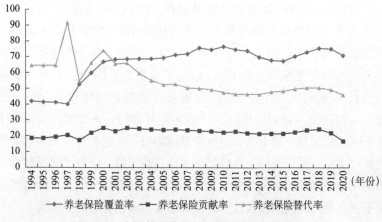

图 6.2　我国基本养老保险指标发展变化情况

6.3 养老保险对城镇居民消费影响的一般均衡模型实证分析

6.3.1 模型构建

由式（5.104）和式（5.105）可知，代表性消费者的收入水平及预期是影响其消费支出的主要因素，而个体的收入水平主要取决于全社会平均收入水平和自身的人力资本存量。同时，由于消费具有外部性，个体的消费支出，也影响到下一期的社会平均消费水平、资本形成和产出水平。由式（5.96）可知，下一期的实物资本和人力资本比值 k_{t+1} 受当前产出水平（收入水平）和消费、教育支出水平的影响，因此可构建简化的联立方程模型如下：

$$\ln y_{it} = \lambda_i + \gamma_t + \beta_1 \ln c_{it} + \beta_2 \ln e_{it} + \beta_3 \ln \bar{c}_{it}$$
$$+ \beta_4 \ln \bar{e}_{it} + \beta_5 \bar{\psi}_{it} + \beta_6 \bar{p}_{it} + \varepsilon_{t,i}$$

$$(6.21)$$

$$\ln c_{it} = \lambda_i' + \gamma_t' + \beta_1 \psi_{it} + \beta_2 p_{it} + \beta_3 \ln c_{it-1} + \beta_4 \Delta \ln y_{it} + \beta_5 (\Delta \ln c_{it})^2 +$$
$$\beta_6 \ln \bar{c}_{it} + \beta_7 \ln \bar{c}_{it-1} + \beta_8 \ln \bar{y}_{it} + \beta_9 \psi_{it} X_{it} + \beta_{10} p_{it} X_{it} + \beta_{11} (\Delta \ln c_{it})^2 X_{it} + u_{t,i}$$

$$(6.22)$$

其中，带横杠的变量表示全社会平均水平，为了调整成面板数据格式，其下标同样用 it 表示，如 y_{it} 表示 t 时刻地区 i 的人均可支配收入，而 $\bar{y}_{it} = \bar{y}_t$，表示 t 时刻全社会的人均可支配收入；c 表示不含教育支出的消费水平；e 表示教育支出。模型（6.22）中的 $\ln c_{it-1}$ 和 $\ln \bar{c}_{it}$ 分别表示过去的消费水平和外部的消费水平。因此，模型（6.22）可以看作模型（6.20）在一般均衡框架下的扩展。

6.3.2 变量及数据说明

为了有效验证消费外部性的存在，即模型（6.21）和模型（6.22）的合理性，本书将选择的 29 个省区市看作是消费个体，社会平均指标选择全国城镇居民人均实际可支配收入、人均实际现金消费支出（不含文教娱乐支出）、人均实际文教娱乐支出、养老保险覆盖率、养老保险贡献率、养老保险替代率、人口出生率及人口自然增长率等指标。各指标全国数据的描述性统计和平稳性检验结果分别见表 6.25 和表 6.26。

表 6.25　　　　　　　　　　主要变量样本描述

指标	符号	均值	最大值	最小值	标准差
全国城镇居民人均实际可支配收入	wpc_ri	10 291.97	20 867.98	3 506	5 744.018
全国城镇居民人均实际现金消费支出	wpc_rce	6 232.192	11 426.48	2 615.412	2 986.059
全国城镇居民人均实际文教娱乐支出（不含文教娱乐支出）	wpc_re	1 156.724	2 451.141	252.863	637.047
全国养老保险覆盖率	wpen_c	65.790	76.525	40.125	11.358
全国养老保险贡献率	wpen_cr	56.159	91.073	45.995	10.099
全国养老保险替代率	wpen_sr	22.120	25.028	16.772	2.490
全国人口出生率	wb_r	12.077	16.359	8.664	1.716
全国人口自然增长率	wpop_g	5.94	9.752	1.889	1.600

6.3.3 模型估计及检验

由于模型（6.21）和模型（6.22）构成了联立系统，则解释变量里都出现了内生变量。若模型构建是合理的，则对模型（6.21）和模型（6.22）实施 OLS 估计（估计结果见表 6.27 和表 6.28），都将产生联立方程偏倚性（simultaneous equation bias）问题，即存在内生解释变量和扰动项相关，而使 OLS 估计量有偏且不一致。

表6.26

主要变量单位根检验结果

指标	变量	Levin, Lin and Chu	IPS	Fisher – ADF	Fisher – PP	检验结果
全国城镇居民人均实际可支配收入	lwpc_ri	4.177 [1.000]	10.914 [1.000]	21.8322 [1.000]	7.0329 [1.000]	一阶单整
	D(lwpc_ri)	– 8.226 *** [0.000]	– 5.128 *** [0.000]	74.1083 * [0.0754]	91.4889 *** [0.003]	
全国城镇居民人均实际现金消费支出	lwpc_rce	8.4523 [1.000]	14.430 [1.000]	8.4523 [1.000]	4.9997 [1.000]	一阶单整
	D(lwpc_rce)	7.375 [1.000]	– 4.265 *** [0.000]	52.7206 * [0.0713]	227.7929 *** [0.000]	
全国城镇居民人均实际文教娱乐支出（不含文教娱乐支出）	lwpc_re	– 10.009 *** [0.000]	– 1.472 * [0.071]	422.7924 *** [0.000]	241.7787 *** [0.000]	平稳
全国人口出生率	wb_r	18.0966 [1.000]	52.5930 [0.676]	18.0966 [1.000]	52.5930 [0.676]	一阶单整
	D(wb_r)	18.0966 *** [0.000]	– 3.111 *** [0.000]	238.6918 *** [0.000]	196.9318 *** [0.000]	

续表

指标	变量	Levin, Lin and Chu	IPS	Fisher – ADF	Fisher – PP	检验结果
全国人口自然增长率	wpop_g	-9.604*** [0.000]	-3.017*** [0.000]	2.9181 [1.000]	12.3422 [1.000]	一阶单整
	D(wpop_g)	-9.604*** [0.000]	-3.017*** [0.000]	235.4235*** [0.000]	1326.0645*** [0.000]	
全国养老保险覆盖率	wpen_c	8.619 [1.000]	9.683 [1.000]	375.7822*** [0.000]	3.5828 [1.000]	一阶单整
	D(wpen_c)	-13.212*** [0.000]	-6.816*** [0.000]	77.2598** [0.0463]	38.7853*** [0.000]	
全国养老保险贡献率	wpen_cr	3.821 [1.000]	3.081 [0.999]	90.6743 [0.0039]	79.1194 [0.0341]	一阶单整
	D(wpen_cr)	-14.053*** [0.000]	-11.053*** [0.000]	226.734*** [0.000]	293.704*** [0.000]	
全国养老保险替代率	wpen_sr	0.538 [0.705]	5.300 [1.000]	29.8045 [0.9992]	101.4679 [0.0004]	一阶单整
	D(wpen_sr)	-7.230*** [0.000]	-4.726*** [0.000]	1113.9270*** [0.000]	2090.5319*** [0.000]	

表 6.27　　　　　　　模型（6.21）OLS 估计

变量	系数	标准误	t 统计量	Prob.
cons	− 1.463	0.1099	− 13.31	0.000
log（pc_ rce）	− 0.008	0.0043	− 1.81	0.070
log（pc_ re）	0.005	0.0025	2.04	0.042
log（wpc_ rce）	1.112	0.0114	97.80	0.000
log（wpc_ re）	0.158	0.0065	24.25	0.000
wpop_ g	− 0.042	0.0054	− 7.81	0.000
wb_ r	0.034	0.0060	5.73	0.000
wpen_ cr	− 0.005	0.0005	− 8.85	0.000
wpen_ sr	− 0.005	0.0001	− 4.75	0.00
$\bar{R}^2$	0.9994	F 值		99 999.00 ***

表 6.28　　　　　　　模型（6.22）OLS 估计

变量	系数	标准误	t 统计量	Prob.
cons	− 0.0184	0.0695	− 0.26	0.791
$[D（lpc\_ rce）]^2$	3.6897	0.1201	30.71	0.000
D（lpc_ ri）	0.1916	0.2322	8.25	0.000
log［pc_ rce（− 1）］	0.9886	0.0055	180.49	0.000
log（wpc_ rce）	0.4876	0.0440	11.07	0.000
log［wpc_ rce（− 1）］	− 0.4926	0.0346	14.22	0.000
log（wpc_ ri）	0.0179	0.0289	0.62	0.534
b_ r	− 0.0021	0.0012	− 1.69	0.091
pop_ g	0.0014	0.0012	1.22	0.222
pen_ cr	0.0002	0.0002	0.67	0.501
pen_ sr	0.0001	0.0000	1.71	0.088
$\bar{R}^2$	0.9991	F 值		35 207.34 ***

　　根据联立方程识别的阶条件，模型（6.21）和模型（6.22）中没有包含的变量个数远大于方程中内生变量（$\ln y_{it}$，$\ln c_{it}$）的个

数，因此两个方程都是过度识别的。对于过度识别的模型，更合适的办法是采用二阶段最小二乘估计方法或广义矩估计。由于本书重点研究养老保险对居民消费的影响情况，即更多关注模型（6.22）的估计结果。为此，本书选择模型（6.21）和模型（6.22）中的全部前定变量作为 $\ln y_{it}$ 的工具变量。如果工具变量不是有效的，则可能导致估计不一致或估计方差过大。因此，有必要进行一系列的检验。

1. 过度识别检验（over-identification test）

有效的工具变量，必须满足两个条件：①和内生变量高度相关；②和扰动项不相关。在过度识别情况下，可进行"过度识别检验"。过度识别检验相关假设为：

H_0：所有工具变量都是外生的。

H_1：至少某个变量不是外生的。

此时，将工具变量法的残差对所有外生变量进行辅助回归，提取可决定系数 R^2，则可构建检验统计量——Sargan 统计量：

$$n R^2 \sim \chi^2(p - k) \tag{6.23}$$

其中，p 为工具变量的秩；k 为原模型解释变量个数。检验时，若 $n R^2$ 大于给定显著性水平下的临界值，则拒绝原假设，认为工具变量是无效的。

将全部前定变量作为 $\ln y_{it}$ 的工具变量，并对模型（6.22）进行 GMM 估计，结果见表6.29。可见，J 统计量为39.469，工具变量秩为53，则可计算 Sargan 统计量对应的 P 值为0.999。因此，有理由认为所有的工具变量都是外生的。

表 6.29 　　　　　　　　　模型（6.22）估计结果

项目	解释变量	OLS	OLS-robust	GMM
项目	cons	-0.223 （-1.98）	-0.223 （-1.24）	0.795 ** （2.08）
内部习惯	lpc_ rce （-1）	1.040 *** （66.96）	1.041 *** （40.45）	0.991 *** （46.54）

续表

	解释变量	OLS	OLS – robust	GMM
外部习惯	$\log(wpc\_ rce)$	0.386 *** (11.74)	0.385 *** (8.20)	0.365 *** (6.49)
	$\log[wpc\_ rce(-1)]$	– 0.394 *** (– 12.10)	– 0.395 *** (– 8.27)	– 0.352 *** (– 4.710)
	$lpc\_ re(-1)$	0.011 * (1.90)	0.010 * (1.44)	0.035 *** (4.65)
	$lpc\_ re \times \log(wpc\_ ri)$	– 0.002 *** (– 3.61)	– 0.002 ** (– 2.34)	– 0.004 ** (– 4.22)
预防性储蓄	$[D(lpc\_ rce)]^2$	– 10.362 * (– 2.57)	– 10.362 ** (– 2.37)	– 10.824 ** (– 2.640)
流动性约束	$D(lpc\_ ri)$	0.257 *** (7.21)	0.257 ** (4.72)	0.124 *** (5.41)
人口特征	$b\_ r$	0.036 ** (2.27)	0.036 * (1.61)	0.018 *** (– 0.46)
	$pop\_ g$	– 0.040 ** (– 2.45)	– 0.041 * (– 1.76)	– 0.026 ** (– 0.94)
养老保险	$pen\_ cr$	0.0001 ** (2.69)	0.0001 ** (2.12)	0.0002 ** (2.368)
交互项	$b\_ r \times lpc\_ ri$	0.020 *** (4.87)	0.019 *** (3.46)	0.020 *** (3.72)
	$pop\_ g \times lpc\_ ri$	– 0.024 *** (– 3.72)	– 0.024 ** (– 2.51)	– 0.003 ** (– 2.333)
	$b\_ r \times lpc\_ rce(-1)$	– 0.025 ** (– 4.90)	– 0.025 *** (– 3.19)	– 0.008 *** (– 3.45)
	$pop\_ g \times lpc\_ rce(-1)$	0.029 ** (3.95)	0.030 ** (2.50)	0.029 ** (0.85)
	$\{[D(lpc\_ rce)]^2\} \times lpc\_ ri$	– 7.001 ** (– 4.21)	– 6.999 ** (– 2.38)	– 7.148 *** (– 4.97)
	$\{[D(lpc\_ rce)]^2\} \times lpc\_ rce(-1)$	8.171 ** (4.46)	8.171 *** (2.34)	8.801 *** (4.21)

续表

	解释变量	OLS	OLS - robust	GMM
控制变量	une_ r	- 0. 002 *** (- 2. 25)	- 0. 002 *** (- 2. 32)	- 0. 002 ** (- 2. 06)
	resid		3. 07E + 08 *** (4. 447)	
$\bar{R}^2$		0. 998	0. 998	0. 998
F		78 556. 04 ***	37 354. 89 ***	
DW		2. 232	2. 253	2. 232
J 统计量				39. 469
Instrument rank				53. 000

2. 内生性检验

如果原模型中不存在内生变量, 则 OLS 估计量比工具变量更有效。因此, 还需对解释变量进行内生性检验。检验变量的内生性, 更稳健的方法是杜宾—吴—豪斯曼检验 (Durbin-Wu-Hausman test)。该方法主要包含两个步骤:

(1) 将内生变量对所有工具变量 (包含外生解释变量) 回归, 并提取残差;

(2) 将残差序列作为一个自变量加入原回归方程中, 再次进行回归。如果残差序列的系数是显著不为零的, 则说明原方程存在内生性。

为了检验 $\ln \bar{y}_{it}$ 是否为内生变量, 将 $\ln \bar{y}_{it}$ 对所有工具变量的回归残差 resid 加入回归模型 (6.22) 中, 考虑到模型可能存在异方差, t 检验时使用稳健标准误 (robust standard errors)。由表 6.29 可知, resid 的回归系数在 1% 显著性水平下是显著的, 则认为 $\ln \bar{y}_{it}$ 为内生变量。

由此可见, 对于模型 (6.22), 更适合采用 GMM 估计 (存在异方差时, GMM 估计比 TSLS 估计更有效), 估计结果见表 6.29。GMM 估计结果显示, 调整后 R^2 为 0.998, 模型的拟合效果非常好。

t 统计量显示，在 5% 显著性水平下，选择的人口统计量、养老保险变量、预防性储蓄、内部习惯、外部习惯、流动性约束及交互乘积项对城镇居民人均消费支出都有显著影响。Kao 检验对应的残差 ADF 值为 -21.80，在 1% 的显著性水平下拒绝了变量之间不存在协整关系的原假设，检验结果见表 6.30。

表 6.30　　　　　　　　　　模型（6.22）估计结果

	t-Statistic	Prob.
ADF	-21.800	0.000
Residual variance	0.000	
HAC variance	0.000	

6.3.4　估计结果的经济含义

根据式（6.22）的 GMM 回归结果，可计算一般均衡研究框架下各个解释变量对城镇居民人均消费支出的即期影响乘数和长期影响乘数，见表 6.31。可见，我国城镇居民人均消费支出存在明显的内部、外部习惯形成现象。其中，人均消费支出增长率滞后一期、全国人均消费支出增长率及其滞后一期对人均消费支出增长率的即期效应分别为 0.991、0.365 和 -0.352，系数符号符合阿隆索－卡雷亚和卡巴耶（Alonso-Carrea and Caballe，2003）对内部、外部习惯形成参数的假定。考虑内部、外部习惯形成后，预防性储蓄、流动性约束、人口特征变量、养老保险变量及城镇登记失业率对城镇居民人均消费支出的影响方向和显著性没有发生变化，但影响程度略有调整，主要表现在以下几个方面：

（1）城镇居民人均消费支出增长率平方序列对消费支出对数序列的影响系数为 8.516。

（2）在其他变量不变情况下，人均可支配收入每增长 1%，平均会使城镇居民人均消费支出增长 0.188%。

（3）在其他变量不变情况下，人口出生率每上升 1 个千分点，平均会使城镇居民人均消费支出增长 1.8%；人口增长率每下降 1 个千分点，平均会使城镇居民人均消费支出增长 2.6%；

（4）在其他变量不变的情况下，养老保险贡献率每提高 1 个百分点，平均会使城镇居民人均消费支出提高 0.02%。

（5）在其他变量不变情况下，城镇登记失业率每下降 1 个百分点，平均会使城镇居民人均消费支出增长 0.2%。

如果模型存在测量误差，则参数真实值往往被低估。模型（6.22）中预防性储蓄、流动性约束、人口特征变量、养老保险变量及城镇登记失业率对城镇居民人均消费支出增长率的影响效应全部大于模型（6.20）的估计结果，这也进一步证明一般均衡研究框架的合理性。

表 6.31　　模型（6.22）中主要解释变量的偏效应

解释变量	系数	均值	即期效应	长期效应
lpc_ rce（−1）	0.991	8.562	0.938	
log（wpc_ rce）	0.365	8.615	0.365	5.887
log（wpc_ rce（−1））	−0.352	8.588	−0.352	−5.677
lpc_ re（−1）	0.035	6.753	0.035	0.565
［D（lpc_ rce）］^{2}	−10.82	0.005	0.528	8.516
D（lpc_ ri）	0.124	0.069	0.124	2.000
b_ r	0.018	12.077	0.130	2.097
pop_ g	−0.026	5.940	−0.053	−0.855
pen_ cr	0.0002	56.159	0.0002	0.003
une_ r	−0.002	3.414	−0.002	−0.032

6.4　小结

本章基于我国 1994—2020 年省际面板数据对构建的消费理论

模型从宏观角度进行实证研究，经过面板数据模型设定检验、冗余变量检验、内生性检验及协整检验，最终证实预防性储蓄、内外部习惯形成、流动性约束、人口特征、养老保险及就业压力都是影响我国城镇居民消费的重要因素，构建的消费决定模型不仅可以反映局部均衡理论框架研究消费问题的一般形式，还可以简化分析一般均衡框架下居民的消费行为。对于养老保险影响居民消费问题，由于覆盖面与替代率的运行矛盾，使养老保险对城镇居民消费的影响效应最终只能由贡献率来反映，而养老保险缴费比例是固定的，则该效应只能通过政府增加对养老基金的补贴来体现。

第 7 章　养老保险影响居民消费的微观数据实证分析

为了进一步证明理论模型的合理性，本章基于中国健康与养老追踪调查数据对理论模型进行实证分析。回归模型中，引入受访者养老依赖、工作类型等反映养老保险问题的虚拟变量，及年龄、户籍、学历、性别及家庭人口规模等人口特征变量，并采用冗余变量检验、异方差检验、内生性检验等方法验证模型的合理性。

7.1　数据说明

中国健康与养老追踪调查（CHARLS），是由北京大学中国社会科学调查中心主持的项目，旨在收集一套代表中国 45 岁及以上中老年人家庭和个人的高质量微观追踪调查数据。该项目最早于 2008 年在甘肃和浙江两省进行了预调查，共得到 1570 个家庭中的 2 685 份个体样本。2011 年，CHARLS 将调查范围扩大到全国 28 个省（自治区、直辖市），最终调查有效样本 17 587 人。2013 年，CHARLS 对全国 45 岁及以上的中老年人进行了追踪调查，得到 10 803 个家庭中的 17 705 份个体样本。2015 年，CHARLS 得到 12 087 个家庭中的 20 899 份个体样本。2018 年，CHARLS 得到 11 587 个家庭中的 19 755 份个体样本，追踪应答率达到了 95% 以上。由于习惯形成是影响居民消费的重要因素，则 CHARLS 关于全国的追踪调查数据，为本书开展理论模型实证分析提供了微观数据基础。

7.1.1　人口统计量

人口特征变量是养老保险影响居民消费理论模型中的关键变量，微观调查数据提供了更为丰富的个人、家庭人口信息。

1. 户籍

从户籍分布来看，2011 年，拥有城镇户籍的样本占总样本的比例为 21.865%，统一居民户口样本占总样本的比例为 0.606%；2013 年，拥有城镇户籍的样本占总样本的比例为 22.355%，统一居民户口样本占总样本的比例为 1.122%；2015 年，拥有城镇户籍的样本占总样本的比例为 20.733%，统一居民户口样本占总样本的比例为 1.895%；2018 年，拥有城镇户籍的样本占总样本的比例为 20.334%，统一居民户口样本占总样本的比例为 2.713%（见表 7.1）。

表 7.1　　　　　　　　　　样本户籍分布

户籍	2011 年		2013 年		2015 年		2018 年	
	人数（人）	百分比（%）	人数（人）	百分比（%）	人数（人）	百分比（%）	人数（人）	百分比（%）
农业	13 694	77.529	14 189	76.523	14 207	77.372	13 927	76.953
非农业	3 862	21.865	4 145	22.355	3 807	20.733	3 680	20.334
统一居民户口	107	0.606	208	1.122	348	1.895	491	2.713
合计	17 663	100.000	18 542	100.000	18 362	100.000	18 098	100.000

2. 性别、年龄

从性别分布来看，2011 年、2013 年、2015 年与 2018 年，样本中男性比例分别为 49.977%、49.990%、49.992% 与 49.988%

（见表 7.2）。从年龄分布来看，2011 年，样本平均年龄为 58.495 岁，最大年龄为 101 岁，最小年龄为 10 岁，标准差为 10.172；2013 年，样本平均年龄为 59.411 岁，最大年龄为 103 岁，最小年龄为 12 岁，标准差为 10.286；2015 年，样本平均年龄为 59.086 岁，最大年龄为 115 岁，最小年龄为 14 岁，标准差为 10.754；2018 年，样本平均年龄为 61.436 岁，最大年龄为 118 岁，最小年龄为 17 岁，标准差为 10.414（见表 7.3）。

表 7.2　　　　　　　　样本性别分布

性别	2011 年		2013 年		2015 年		2018 年	
	人数（人）	百分比（%）	人数（人）	百分比（%）	人数（人）	百分比（%）	人数（人）	百分比（%）
男	7 451	49.977	7 788	49.990	8 858	49.992	8 179	49.988
女	7 458	50.023	7 791	50.010	8 861	50.008	8 183	50.012
合计	14 909	100.000	15 579	100.000	17 719	100.000	16 362	100.000

表 7.3　　　　　　样本年龄、教育程度描述性统计

性别	2011 年		2013 年		2015 年		2018 年	
	年龄	教育	年龄	教育	年龄	教育	年龄	教育
均值	58.495	5.296	59.411	5.191	59.086	5.074	61.436	5.497
标准差	10.172	4.309	10.286	4.253	10.754	4.190	10.414	4.173
最大值	101.000	16.000	103.000	16.000	115.000	16.000	118.00	16.000
最小值	10.000	0.000	12.000	0.000	14.000	0.000	17.000	0.000

3. 教育程度

从教育背景来看，2011 年，未受过教育的样本占 27.217%，受过小学、私塾教育的样本占 39.394%，受过初中、高中及中专教育的样本占 30.991%，受过大专及以上学历教育的样本占 2.398%；2013 年，未受过教育的样本占 27.677%，受过小学、私塾教育的样本占 39.981%，受过初中、高中及中专教育的样本占

30.297%，受过大专及以上学历教育的样本占 2.045%；2015 年，
未受过教育的样本占 27.877%，受过小学、私塾教育的样本占
41.021%，受过初中、高中及中专教育的样本占 29.316%，受过大
专及以上学历教育的样本占 1.786%；2018 年，未受过教育的样本
占 22.703%，受过小学、私塾教育的样本占 42.837%，受过初中、
高中及中专教育的样本占 32.349%，受过大专及以上学历教育的样
本占 2.111%（见表 7.4）。对各学历按教育年限赋值的话（未读完
小学和私塾，按中间水平 3 年赋值），可知 2011 年、2013 年、2015
年与 2018 年样本的平均教育年限分别为 5.296 年、5.191 年、
5.074 年和 5.497 年（见表 7.3）。

表 7.4　　　　　　　　　样本受教育程度分布

教育程度	2011 年		2013 年		2015 年		2018 年		赋值
	人数（人）	百分比（%）	人数（人）	百分比（%）	人数（人）	百分比（%）	人数（人）	百分比（%）	
未受过教育	4 803	27.217	4 184	27.677	3 934	27.877	4496	22.703	0
未读完小学	3 056	17.317	2 658	17.583	2 649	18.771	4 080	20.603	3
私塾	84	0.476	72	0.476	51	0.361	46	0.232	3
小学毕业	3 812	21.601	3 314	21.922	3 089	21.889	4 357	22.002	6
初中毕业	3 652	20.695	3 098	20.493	2 843	20.146	4 318	21.805	9
高中毕业	1 388	7.865	1 136	7.515	995	7.051	1 613	8.145	12
中专毕业	429	2.431	346	2.289	299	2.119	475	2.399	12
大专毕业	280	1.587	212	1.402	181	1.283	262	1.323	15
本科毕业	143	0.811	97	0.643	71	0.503	156	0.788	16
合计	17 647	100.00	15 117	100.00	14 112	100.00	19 803	100.00	

4. 婚姻

从婚姻状况来看，2011 年，已婚并一同居住的样本比例为
80.074%，丧偶的样本比例为 10.545%，未婚、分居及离异等样本

比例为 9.381%；2013 年，已婚并一同居住的样本比例为
80.976%，丧偶的样本比例为 11.011%，未婚、分居及离异等样本
比例为 8.013%；2015 年，已婚并一同居住的样本比例为
80.513%，丧偶的样本比例为 11.045%，未婚、分居及离异等样本
比例为 8.442%；2018 年，已婚并一同居住的样本比例为
78.371%，丧偶的样本比例为 12.672%，未婚、分居及离异等样本
比例为 8.957%（见表 7.5）。

表 7.5　　　　　　　　主要受访者婚姻状况分布

婚姻状况	2011 年		2013 年		2015 年		2018 年	
	人数（人）	百分比（%）	人数（人）	百分比（%）	人数（人）	百分比（%）	人数（人）	百分比（%）
已婚并一同居住	14 170	80.074	15 069	80.976	16 985	80.513	15 530	78.371
未婚同居	1 278	7.222	1 142	6.137	1 393	6.603	1 360	6.863
分居	77	0.435	47	0.253	44	0.209	62	0.313
离异	146	0.825	147	0.790	187	0.886	236	1.191
丧偶	1866	10.545	2049	11.011	2330	11.045	2511	12.672
未婚	159	0.899	155	0.833	157	0.744	117	0.590
合计	17 696	100.000	18 609	100.000	21 096	100.000	19 816	100.000

5. 家庭规模

CHARLS 问卷中，将家庭成员定义为：①现在没在家常住，但
过去一年在家住了 6 个月以上，并且未来一年会回来常住的；②现
在在家常住，并且过去一年在家住了 6 个月以上的；③平时上学/
工作，但通常每周回家，并且过去一年在家住了 6 个月以上的。如
表 7.6 所示，2011 年、2013 年、2015 年和 2018 年，家庭样本平均
人口数分别为 3.586、3.625、3.063 和 2.801，最大家庭人口数分
别为 16 人、15 人、15 人和 13 人，标准差分别为 1.801、1.806、
1.317 和 1.455。家庭样本平均拥有子女个数分别为 2.608 个、

2. 619 个、2. 631 个和 2. 562 个，标准差分别为 1. 436、1. 446、1. 432 和 1. 349。

表 7. 6　　　　　　家庭人口数和子女数描述性统计

年份	家庭人口数				家庭子女数			
	均值	标准差	最小值	最大值	均值	标准差	最小值	最大值
2011	3. 586	1. 801	1	16	2. 608	1. 436	0	10
2013	3. 625	1. 806	1	15	2. 619	1. 446	0	10
2015	3. 063	1. 317	1	15	2. 631	1. 432	0	15
2018	2. 801	1. 455	1	13	2. 562	1. 349	0	10

6. 子女上学

2011 年，有孩子还在上学的家庭样本占比为 11. 14%；2013 年，有孩子还在上学的家庭样本占比为 10. 53%；2015 年，有孩子还在上学的家庭样本占比为 12. 67%；2018 年，有孩子还在上学的家庭样本占比为 9. 64%（见表 7. 7）。

表 7. 7　　　　　　家庭样本孩子上学情况

上学情况	2011 年		2013 年		2015 年		2018 年	
	人数（人）	百分比（%）	人数（人）	百分比（%）	人数（人）	百分比（%）	人数（人）	百分比（%）
无还在上学孩子	9 063	88. 86	9 665	89. 47	10 673	87. 33	10 507	90. 36
有还在上学孩子	1 136	11. 14	1 138	10. 53	1 548	12. 67	1 121	9. 64
合计	10 199	100. 00	10 803	100. 00	12 221	100. 00	11 628	100. 00

7. 身体状况

样本显示，2011 年、2013 年、2015 年和 2018 年的面板数据中，认为自己身体很好的样本分别占 6. 26%、9. 24%、12. 38% 和 12. 20%，认为自己身体好的样本分别占 17. 25%、14. 37%、13. 04% 和 12. 85%；认为自己身体一般的样本分别占 48. 69%、51. 84%、52. 32% 和 48. 90%；认为自己身体不好的样本分别占

22.98%、19.31%、17.47%和20.16%；认为自己身体很不好的样本分别占4.82%、5.24%、4.79%和5.89%（见表7.8）。

表7.8　　　　　　　　　　　样本健康状况分布

健康状况	2011 年		2013 年		2015 年		2018 年	
	人数（人）	百分比（%）	人数（人）	百分比（%）	人数（人）	百分比（%）	人数（人）	百分比（%）
很好	1 099	6. 26	1626	9. 24	2 439	12. 38	2 229	12. 20
好	3 030	17. 25	2530	14. 37	2569	13. 04	2348	12. 85
一般	8 551	48. 69	9 126	51. 84	10 305	52. 32	8 938	48. 90
不好	4 035	22. 98	3 399	19. 31	3 442	17. 47	3 687	20. 16
很不好	846	4. 82	922	5. 24	943	4. 79	1 076	5. 89
合计	17 561	100. 00	17 603	100. 00	19 698	100. 00	18 278	100. 00

8. 父母情况

样本显示，2011 年，主要受访者父母（含配偶父母，下同）平均健在 0.946 人，平均受教育年限 1.274 年；2013 年，主要受访者父母平均健在 0.904 人，平均受教育年限 1.429 年；2015 年，主要受访者父母平均健在 0.639 人，平均受教育年限 1.617 年；2018年，主要受访者父母平均健在 0.853 人，平均受教育年限 1.935 年（见表7.9）。

表7.9　　　　　主要受访者父母相关情况描述性统计

年份	健在人数				受教育年限			
	均值	标准差	最小值	最大值	均值	标准差	最小值	最大值
2011	0.946	1.102	0	4	1.274	2.700	0	19
2013	0.904	1.087	0	4	1.429	2.865	0	23
2015	0.639	0.956	0	4	1.617	3.006	0	16
2018	0.853	1.070	0	4	1.935	2.239	0	23

7.1.2 养老保险

CHARLS 问卷中，和养老保险问题密切相关的内容包括：工作单位类型（含退休前）、养老保险参与情况及未来的养老依靠等。样本显示，2011 年、2013 年、2015 年和 2018 年办理退休手续的样本分别占 34.664%、32.660%、31.148% 与 34.517%（见表 7.10）。工作单位类型方面，2011 年，在（或退休前在）政府部门与事业单位和企业工作的样本分别有 562 人和 876 人，分别占样本总数的 18.474% 和 28.797%；2013 年，在（或退休前在）政府部门与事业单位和企业工作的样本分别有 617 人和 879 人，分别占样本总数的 19.712% 和 28.083%；2015 年，在（或退休前在）政府部门与事业单位和企业工作的样本分别有 797 人和 1 179 人，分别占样本总数的 17.432% 和 25.787%；2018 年，在（或退休前在）政府部门与事业单位和企业工作的样本分别有 779 人和 1 125 人，分别占样本总数的 16.085% 和 23.229%（见表 7.11）。

表 7.10　　　　　　　　　　样本退休情况

退休情况	2011 年		2013 年		2015 年		2018 年	
	人数（人）	百分比（%）	人数（人）	百分比（%）	人数（人）	百分比（%）	人数（人）	百分比（%）
办理退休手续	5 982	34.664	5 903	32.660	6 376	31.148	6 806	34.517
没有办理退休手续	11 275	65.336	12 171	67.340	14 094	68.852	12 912	65.483
合计	17 257	100.000	18 074	100.000	20 470	100.000	19 718	100.000

表 7.11　　　　主要受访者（或退休前）工作单位类型

工作单位类型	2011 年		2013 年		2015 年		2018 年	
	人数（人）	百分比（%）	人数（人）	百分比（%）	人数（人）	百分比（%）	人数（人）	百分比（%）
政府部门	179	5.884	266	8.498	367	8.027	396	8.177
事业单位	383	12.590	351	11.214	430	9.405	383	7.908

续表

工作单位类型	2011 年		2013 年		2015 年		2018 年	
	人数（人）	百分比（%）	人数（人）	百分比（%）	人数（人）	百分比（%）	人数（人）	百分比（%）
企业	876	28.797	879	28.083	1 179	25.787	1 125	23.229
其他	1 604	52.729	1 634	52.205	2 596	56.781	2 939	60.686
合计	3 042	100.000	3 130	100.000	4 572	100.000	4 843	100.000

从养老保险参与情况来看，2011 年，参与政府和事业单位养老保险的样本占 8.052%，参与企业基本养老保险的样本占 5.887%；2013 年，参与政府和事业单位养老保险的样本占 5.587%，参与企业基本养老保险的样本占 11.000%；2015 年，参与政府和事业单位养老保险的样本占 2.663%，参与企业基本养老保险的样本占 8.073%；2018 年，参与政府和事业单位养老保险的样本占 4.170%，参与企业基本养老保险的样本占 14.766%（见表 7.12）。

表 7.12　　　　主要受访者养老保险参与情况

类型	2011 年		2013 年		2015 年		2018 年	
	人数（人）	百分比（%）	人数（人）	百分比（%）	人数（人）	百分比（%）	人数（人）	百分比（%）
政府和事业单位养老保险	465	8.052	1 025	5.587	409	2.663	828	4.170
企业基本养老保险	340	5.887	2 018	11.000	1 240	8.073	2 932	14.766
企业补充养老保险	36	0.623	36	0.196	—	0.000	61	0.307
商业养老保险	107	1.853	131	0.714	143	0.931	210	1.058
人寿保险	—	—	400	2.180	1 250	8.138	766	3.858
征地养老保险	—	—	201	1.096	321	2.090	411	2.070
农村养老保险	877	15.186	582	3.173	—	—	—	—
城乡居民社会养老保险	66	1.143	356	1.941	512	3.333	2 254	11.351
城镇居民养老保险	85	1.472	389	2.120	507	3.301	434	2.186

续表

类型	2011 年		2013 年		2015 年		2018 年	
	人数（人）	百分比（%）	人数（人）	百分比（%）	人数（人）	百分比（%）	人数（人）	百分比（%）
新型农村养老保险	3 763	65.161	9 226	50.292	10 836	70.547	9 674	48.717
其他保险	36	0.623	327	1.783	142	0.924	206	1.037
没有保险	—	—	3 654	19.918	—	—	2 081	10.480
合计	5 775	100.000	18 345	100.000	15 360	100.000	19 857	100.000

CHARLS 问卷中，还对受访者咨询了将来老了、干不动工作时的养老依靠问题。样本显示，2011 年，68.275% 的样本选择依靠子女，4.048% 的样本选择依靠储蓄，21.569% 的样本选择依靠养老金或退休金，6.108% 的样本选择依靠商业保险或其他；2013 年，61.987% 的样本选择依靠子女，4.436% 的样本选择依靠储蓄，29.169% 的样本选择依靠养老金或退休金，4.408% 的样本选择依靠商业保险或其他；2015 年，59.754% 的样本选择依靠子女，5.314% 的样本选择依靠储蓄，30.940% 的样本选择依靠养老金或退休金，3.992% 的样本选择依靠商业保险或其他；2018 年，56.704% 的样本选择依靠子女，3.713% 的样本选择依靠储蓄，32.308% 的样本选择依靠养老金或退休金，7.275% 的样本选择依靠商业保险或其他。可见，受访者依赖子女养老的意愿逐年降低，依赖养老金、退休金养老的意愿逐年提高（见表 7.13）。

表 7.13 主要受访者养老依赖调查

养老依赖	2011 年		2013 年		2015 年		2018 年	
	人数（人）	百分比（%）	人数（人）	百分比（%）	人数（人）	百分比（%）	人数（人）	百分比（%）
子女	11 671	68.275	10 857	61.987	11 885	59.754	11 178	56.704
储蓄	692	4.048	777	4.436	1 057	5.314	732	3.713
养老金或退休金	3 687	21.569	5 109	29.169	6 154	30.940	6 369	32.308

续表

养老依赖	2011 年		2013 年		2015 年		2018 年	
	人数（人）	百分比（%）	人数（人）	百分比（%）	人数（人）	百分比（%）	人数（人）	百分比（%）
商业保险	89	0.521	76	0.434	108	0.543	65	0.330
其他	955	5.587	696	3.974	686	3.449	1 369	6.945
合计	17 094	100.000	17 515	100.000	19 890	100.000	19 713	100.000

7.1.3 家庭财富

CHARLS 问卷中调查的家庭财富主要包括住房资产、固定资产、金融资产三方面内容，具体内容见表 7.14。家庭财富包含了贷款、借款等，使部分样本的家庭人均资产出现了负值。由表 7.15 至表 7.18 可知，2011 年，家庭人均资产为 5.604 万元，标准差为 40.361；2013 年，家庭人均资产为 9.715 万元，标准差为 101.935；2015 年，家庭人均资产为 10.788 万元，标准差为 95.763；2018 年，家庭人均资产为 43.281 万元，标准差为 353.242。

表 7.14　　　　　　　　家庭财富涉及内容

指标名称	说明
家庭住房资产	主要住宅当前价值加上非主要住宅当前价值
非生产性固定资产	含汽车、电动车、摩托车、冰箱、洗衣机等
生产性固定资产	含拖拉机、抽水机、加工机械及用于家庭生产、个体经营或开办私营企业的其他固定资产等
金融资产	金融机构存款/欠款、手头现金、公积金、股票、基金等

表 7.15　　　　　　　　2011 年家庭资产描述性统计

家庭资产	均值	标准差	最小值	最大值
住房资产	18.759	195.197	0.000	14 490.000

续表

家庭资产	均值	标准差	最小值	最大值
固定资产	1.778	9.06413	0.000	471.140
金融资产	0.641	9.25069	−100.00	413.000
家庭人均资产	5.604	40.361	−27.870	2 040.000

注：家庭资产、收入和生活支出每个层面都包含很多调查内容，无法对每个缺失值实施有效插补，删除缺失值将损失大量样本，故缺失值都按 0 处理。下表同理。

表 7.16　　　　　　　　2013 年家庭资产描述性统计

家庭资产	均值	标准差	最小值	最大值
住房资产	28.1632	226.264	0.000	10 800.000
固定资产	2.549	13.35719	0.000	647.500
金融资产	0.119	13.63497	−499.925	310.550
家庭人均资产	9.715	101.935	−141.585	5 400.000

表 7.17　　　　　　　　2015 年家庭资产描述性统计

家庭资产	均值	标准差	最小值	最大值
住房资产	25.944	183.5297	0.000	8 000.000
固定资产	3.669	82.941 2.7	0.000	8 150.000
金融资产	1.368	25.047 3.6	−979.900	990.250
家庭人均资产	10.788	95.763	−87.800	7 000.000

表 7.18　　　　　　　　2018 年家庭资产描述性统计

家庭资产	均值	标准差	最小值	最大值
住房资产	78.555	616.944	0.000	27 000.000
固定资产	4.457	44.6682	0.000	2 130.000
金融资产	3.464	121.6972	−754.975	10 700.000
家庭人均资产	43.281	353.242	−236.628	13 500.000

7.1.4　家庭收入

CHARLS 问卷中调查的家庭收入主要包括工资收入、农业收人、养老金收入、转移收入及资产净收益等内容。由表 7.19 至表 7.22 可知，2011 年，家户人均收入水平为 25 037.51 元，标准差为 51 163.9；2013 年，家户人均收入水平为 27 223.31 元，标准差为 70 145.67；2015 年，家户人均收入水平为 22 943.78 元，标准差为 62 103.5；2018 年，家户人均收入水平为 49 842.94 元，标准差为 363 802.2。

表 7.19　　　　　　　2011 年家庭收入描述性统计

收入类型	均值	标准差	最小值	最大值
工资收入	19 021.89	39 895.06	0.000	2 189 200
农业收入	2 367.611	19 756.15	0.000	700 000
养老金收入	2 957.072	9 001.637	0.000	172 800
转移收入	1 183.012	9 936.463	0.000	600 000
资产净收益	6 424.531	27 266.36	−540 000	1 015 000
家户人均收入	25 037.51	51 163.9	−536 880	2 198 200

表 7.20　　　　　　　2013 年家庭收入描述性统计

收入类型	均值	标准差	最小值	最大值
工资收入	20 928.77	36 991.36	0.000	792 000
农业收入	1 668.32	21 160.55	0.000	1 000 000
养老金收入	3 664.674	9 669.676	0.000	276 000
转移收入	1 804.567	21 667.16	0.000	1 600 000
资产净收益	6 422.032	599 946.22	−29 997 300	1 641 000
家户人均收入	27 223.31	70 145.67	−2 985 090	1 826 700

表 7.21　　　　　　　2015 年家庭收入描述性统计

收入类型	均值	标准差	最小值	最大值
工资收入	15 254.7	19 866.9	−11 600	560 000
农业收入	1 553.017	21 633.65	0.000	1 000 000
养老金收入	3 029.735	10 514.31	0.000	614 400

续表

收入类型	均值	标准差	最小值	最大值
转移收入	3 020. 524	53 334. 41	0. 000	4 000 000
资产净收益	6 837. 629	43 587. 59	− 1 785 000	1 210 000
家户人均收入	22 943. 78	62 103. 5	− 1 781 800	1 300 300

表 7. 22　　　　　　　**2018 年家庭收入描述性统计**

收入类型	均值	标准差	最小值	最大值
工资收入	22 296. 18	80 959. 5	− 20 000	6 056 000
农业收入	3 255. 731	47 553. 48	0. 000	3 000 000
养老金收入	5 692. 492	23 545. 65	0. 000	2 666 400
转移收入	6 827. 277	294 917. 9	0. 000	39 100 000
资产净收益	8 403. 205	86 668. 77	− 2 979 300	5 000 000
家户人均收入	49 842. 94	363 802. 2	− 2 949 300	39 100 000

7.1.5　家庭生活支出

CHARLS 问卷中调查的家庭生活支出主要包括食品、费用、耐用品、教育与娱乐、衣着等内容，详见表 7. 23。由表 7. 24 至表 7. 27 可知，2011 年，家庭人均生活支出为 7 782. 035 元，标准差为 20 266. 19；2013 年，家庭人均生活支出为 11 183. 88 元，标准差为 14 291. 68；2015 年，家庭人均生活支出为 15 176. 4 元，标准差为 29 422. 63；2018 年，家庭人均生活支出为 18 666. 88 元，标准差为 30 548. 18。

表 7. 23　　　　　　　**家庭生活支出涉及内容**

指标名称	说明
食品	食品支出、自家生产农产品的消费
费用	水电费、燃料费、（保姆、佣人等）雇佣费、取暖费、邮电通信费等
耐用品	家庭设备的支出

续表

指标名称	说明
教育与娱乐	教育和培训支出、文化娱乐支出
衣着	衣着消费、日用品支出
医疗保健	健康保健费用、医疗支出
交通	在当地的交通费、家庭旅游支出
税费、杂费	上缴给政府相关部门的税费和杂费（不包括所得税）

表 7. 24   **2011 年家庭生活支出情况**

消费类型	均值	标准差	最小值	最大值
食品	11 283. 25	76 214. 07	0. 000	7 488 000
费用	4 149. 45	15 597. 68	0. 000	5 099 949
耐用品	2 283. 00	17 260. 28	0. 000	811 000
教育与娱乐	1 785. 769	6 304. 116	0. 000	200 240
衣着	2 174. 792	8 799. 444	0. 000	129 987
医疗与保健	3 351. 376	9 198. 452	0. 000	200 000
交通	981. 936	5 878. 048	0. 000	174 000
税费、杂费	129. 751	2 800. 119	0. 000	200 000
其他支出	29. 445	325. 476	0. 000	15 000
家庭人均生活支出	7 782. 035	20 266. 19	0. 000	1 499 998

表 7. 25   **2013 年家庭生活支出情况**

消费类型	均值	标准差	最小值	最大值
食品	12 057. 22	21 233. 86	0. 000	1 040 000
费用	4 094. 632	15 113. 74	0. 000	900 000
耐用品	3 539. 277	21 349. 66	0. 000	513 800
教育与娱乐	2 329. 873	21 329. 65	0. 000	901 200
衣着	2 328. 702	9 754. 315	0. 000	601 000
医疗与保健	4 562. 189	13 344. 27	0. 000	400 000
交通	1 170. 377	5 341. 843	0. 000	166 800

续表

消费类型	均值	标准差	最小值	最大值
税费、杂费	155. 807	4 803. 023	0. 000	400 000
其他支出	32. 835	334. 9771	0. 000	25 000
家庭人均生活支出	11 183. 88	14 291. 68	0. 000	302 196

表 7. 26   **2015 年家庭生活支出情况**

消费类型	均值	标准差	最小值	最大值
食品	14 255. 81	26 999. 96	0. 000	1 196 000
费用	4 764. 045	16 189. 6	0. 000	479 952
耐用品	5 584. 305	36 426. 23	0. 000	2 310 000
教育与娱乐	4 205. 135	35 888. 93	0. 000	2 300 000
衣着	2 512. 886	6 573. 631	0. 000	124 988
医疗与保健	4 731. 731	16 855. 64	0. 000	1 000 000
交通	1 522. 593	7 219. 313	0. 000	139 988
税费、杂费	294. 089	12 752. 72	0. 000	1 200 000
其他支出	46. 905	810. 291 9	0. 000	60 000
家庭人均生活支出	15 176. 4	29 422. 63	0. 000	1 312 650

表 7. 27   **2018 年家庭生活支出情况**

消费类型	均值	标准差	最小值	最大值
食品	17 411. 97	35 002. 34	0. 000	1 820 000
费用	5 356. 071	46 423. 49	0. 000	4 806 600
耐用品	5 269. 032	32 814. 37	0. 000	1 260 000
教育与娱乐	3 797. 577	30 888. 49	0. 000	1 256 000
衣着	2 670. 848	19 956. 46	0. 000	2 000 120
医疗与保健	6 793. 345	23 788. 93	0. 000	1 200 000
交通	1 707. 313	8 765. 228	0. 000	501 200
税费、杂费	198. 654	5 842. 477	0. 000	500 000
其他支出	2 046. 099	9 228. 55	0. 000	220 000
家庭人均生活支出	18 666. 88	30 548. 18	0. 000	1 212 387

7.2 模型构建及实证分析

7.2.1 模型构建

根据前面的理论分析，影响居民消费的主要因素包括收入、养老保险、预防性储蓄、流动性约束、人口特征变量及相关变量的交互乘积项等。因此，可构建模型如下：

$$pc\_c_{it} = \lambda_i + \beta_1 pc\_c_{it-1} + \beta_2 pc\_i_{it} + \beta_3 P_{it} + \beta_4 \Psi_{it} + \beta_5 (\Delta\ln pc\_c_{it})^2$$
$$+ \beta_6 \Delta pc\_i_{it} + \beta_7 P_{it} X_{it} + \beta_8 \Psi_{it} X_{it} + \varepsilon_{it}$$

$$(7.1)$$

其中，由于家庭资产、收入数据包含了负数，则模型（7.1）中家庭人均生活支出 pc_c 和人均可支配收入 pc_i 都选用当年价格核算的名义数据，且不采用对数形式；Ψ 和 P 分别表示人口特征变量和养老保险相关变量，具体指标见表 7.28；$(\Delta\ln pc\_c_{it})^2$ 和 Δpc_i_{it} 分别反映预防性储蓄和流动性约束的影响；PX 和 ΨX 分别表示养老保险变量、人口特征变量和其他解释变量的交互乘积项。

由于家庭人均生活支出中包含了耐用品的支出，则 β_1 的符号可能出现各种情况，若 $\beta_1 > 0$，表示习惯形成占支配地位；若 $\beta_1 < 0$，表示消费持久（耐用品消费）占支配地位（Rhee，2004）。

表 7.28 模型变量、符号及说明

项目	变量	符号	备注
收入、财富和支出	家庭人均收入	pc_ i	
	家庭人均生活支出	pc_ c	
养老保险 P	养老依赖	oldrely_ p	养老依赖为养老金或退休金为1，其他为0

续表

项目	变量	符号	备注
养老保险 P	政府/事业单位工作	work_ gov	政府和事业单位为1，其他为0
	企业工作	work_ company	企业为1，其他为0
人口统计量 Ψ	年龄	age	调查年份减去出生年份
	户口	hukou	非农业户口为1，其他为0
	教育程度	edu	根据教育年限赋值
	性别	sex	男性为1，其他为0
	家庭人口数	hhsize	
	孩子上学	child_ h_ sch	有孩子上学为1，其他为0
	健康状况	health	
	子女个数	children	
	父母教育程度	parents_ edu	
	父母健在人数	parents	

7.2.2 模型估计

1. 基于截面数据的模型估计

为了减少异常值的影响，实证分析中删除人均收入和人均生活支出两个变量位于样本两端1%的观测值。基于2011年、2013年、2015年与2018年样本数据，分别估计关于家庭人均生活支出对养老保险变量、人口特征变量的简单线性回归模型，估计结果见表7.29至表7.32。

表7.29　模型（7.1）基于2011年样本数据简单估计结果

解释变量	（1）	（2）	（3）	（4）	（5）
cons	4 024.308 ***	3 533.279 ***	5 966.173 ***	6 110.313 ***	− 563.964 **
	（39.24）	（50.324）	（24.406）	（29.19）	（− 237.115）
pc_ i	0.151 ***	0.125 ***	0.095 ***	0.091 ***	0.080 ***
	（16.76）	（13.682）	（6.422）	（6.68）	（8.674）

续表

解释变量	(1)	(2)	(3)	(4)	(5)
oldrely_ p		5 279. 804 ***			
		(16. 47)			
work_ gov			4 760. 195 ***		
			(4. 257)		
work_ company				2 543. 671 ***	
				(3. 048)	
age					74. 069 ***
					(9. 461)
hukou					2 687. 574 ***
					(8. 571)
edu					197. 746 ***
					(7. 341)
sex					− 365. 983 *
					(− 1. 811)
child_ h_ sch					345. 938
					(0. 541)
health					499. 638 ***
					(4. 361)
hhsize					− 381. 661 ***
					(− 6. 080)
parents_ edu					117. 224 ***
					(6. 220)
parents					728. 664 ***
					(6. 212)
$\bar{R}^2$	0. 01	0. 02	0. 01	0. 004	0. 05
F 统计量	280. 77 ***	277. 45 ***	27. 69 ***	25. 45 ***	126. 06 ***
样本数	25 586	25 586	10 519	12 489	22 586

表 7.30　模型（7.1）基于 2013 年样本数据简单估计结果

解释变量	（1）	（2）	（3）	（4）
cons	4 731.921 ***	3 892.563 ***	6 484.507 ***	− 645.1943 ***
	（65.730）	（50.207）	（63.411）	（− 3.840）
pc_ i	0.188 ***	0.156 ***	0.150 ***	0.125 ***
	（31.741）	（26.191）	（22.018）	（21.514）
oldrely_ p		4 709.352 ***		
		（26.921）		
work_ gov			5 110.182	
			（9.880）	
work_ company			1 786.06	
			（4.091）	
age				84.613 ***
				（17.080）
hukou				2 172.29 ***
				（10.432）
edu				168.237 ***
				（8.972）
sex				− 179.576
				（− 1.290）
child_ h_ sch				1 163.045
				（3.491）
health				746.862
				（11.490）
hhsize				− 544.889 ***
				（− 13.062）
parents_ edu				86.589 ***
				（8.108）

续表

解释变量	(1)	(2)	(3)	(4)
parents				1 118.490
				(14.105)
$\bar{R}^2$	0.04	0.06	0.03	0.13
F 统计量	1 007.49 ***	880.21 ***	187.02 ***	340.12 ***
样本数	25 586	25 586	18 385	25 586

表 7.31　模型（7.1）基于 2015 年样本数据简单估计结果

解释变量	(1)	(2)	(3)	(4)
cons	8 042.344 ***	6 692.919 ***	9 365.019 ***	−428.815
	(54.507)	(40.311)	(49.778)	(−1.043)
pc_ i	0.157 ***	0.132 ***	0.137 ***	0.106 ***
	(14.084)	(11.820)	(11.214)	(9.581)
oldrely_ p		5 883.213 ***		
		(17.350)		
work_ gov			8 377.392 ***	
			(9.191)	
work_ company			3 582.878 ***	
			(4.734)	
age				113.683 ***
				(10.952)
hukou				3 474.218 ***
				(7.822)
edu				283.765 ***
				(7.141)
sex				−247.424
				(−0.831)

续表

解释变量	（1）	（2）	（3）	（4）
child_ h_ sch				5 118. 156 ***
				（8. 382）
health				893. 621 ***
				（7. 062）
hhsize				− 445. 549 ***
				（− 3. 884）
parents_ edu				229. 742 ***
				（10. 492）
parents				366. 468 *
				（1. 971）
$\bar{R}^2$	0. 01	0. 02	0. 01	0. 04
F 统计量	198. 29 ***	250. 73 ***	71. 47 ***	107. 46 ***
样本数	25 586	25 586	20 890	25 586

表 7. 32　模型（7. 1）基于 2018 年样本数据简单估计结果

解释变量	（1）	（2）	（3）	（4）
cons	11 983. 4 ***	9 506. 427 ***	14 940. 800 ***	− 559. 224
	（73. 411）	（51. 222）	（69. 452）	（− 1. 360）
pc_ i	0. 004 ***	0. 003 ***	0. 003 ***	0. 003 ***
	（6. 346）	（5. 378）	（4. 693）	（4. 752）
oldrely_ p		9 982. 242 ***		
		（26. 821）		
work_ gov			8 807. 162 ***	
			（8. 391）	
work_ company			4 275. 77 ***	
			（4. 854）	

续表

解释变量	（1）	（2）	（3）	（4）
age				212.936 ***
				（18.841）
hukou				6 426.586 ***
				（12.891）
edu				350.418 ***
				（8.160）
sex				- 1 046.899 ***
				（- 3.202）
child_ h_ sch				4 014.352 ***
				（5.008）
health				334.064 ***
				（2.456）
hhsize				- 956.022 ***
				（- 8.091）
parents_ edu				193.269 ***
				（8.377）
parents				2 354.598 ***
				（12.169）
$\bar{R}^2$	0.002	0.029	0.006	0.082
F 统计量	40.15 ***	380.28 ***	37.82 ***	208.17 ***
样本数	25 586	25 586	19 725	15 586

由表7.29 至表7.32 中回归系数 t 检验可知：

（1）依靠养老金或退休金养老的居民的生活支出水平明显高于依靠其他群体的支出水平，在其他条件不变情况下，2011 年平均高出5 279.804 元，2013 年平均高出4 709.352 元，2015 年平均高出5 883.213 元，2018 年平均高出9 982.242 元。

（2）政府部门/事业单位工作人员的生活支出水平明显高于其他从业者，在其他条件不变情况下，2011 年平均高出 4 760.195元，2013 年平均高出 5 110.182 元，2015 年平均高出 8 377.392元，2018 年平均高出 8 807.162 元。企业工作人员的生活支出水平也明显高于其他从业者，其中，2011 年平均高出 2 543.671 元，2013 年平均高出 1 786.06 元，2015 年平均高出 3 582.878 元，2018 年平均高出 4 275.77 元。

（3）部分人口特征变量对居民生活支出水平的影响也是显著的。其中，2011 年，年龄、户口、教育水平、健康状况、家庭人口数、父母教育程度和父母健在人数等变量的回归系数在 5% 水平下都是显著的；2013 年，年龄、户口、教育水平、家庭人口数和父母教育程度等变量的回归系数在 5% 水平下都是显著的；2015年，年龄、户口、教育水平、子女上学情况、健康状况、家庭人口数、父母教育程度和父母健在人数等变量的回归系数在 5% 水平下都是显著的；2018 年，年龄、户口、教育水平、性别、子女上学情况、健康状况、家庭人口数、父母教育程度和父母健在人数等变量的回归系数在 5% 水平下都是显著的。由模型估计结果可知，模型中存在部分人口特征变量的系数不显著，可能受多重共线性问题的影响。

此外，基于截面数据的简单线性回归模型估计结果，可能因遗漏消费习惯、预防性储蓄等重要解释变量而产生内生性问题，即估计结果可能是有偏且不一致的。

2. 基于面板数据的模型估计

由于模型（7.1）中包含了消费习惯、预防性储蓄及流动性约束等内容，CHARLS 的全国追踪调查恰好满足模型实证分析的微观数据需求。经过逐步回归分析后，模型最终保留家庭人均收入、消费习惯、预防性储蓄、流动性约束、养老保险变量及年龄、户口、家庭规模等人口特征变量，OLS 估计结果见表 7.33。

回归结果显示，对于包含养老依靠的模型（7.1），调整后 R^2

为 0.211，F 统计量为 274.83；对于包含工作单位类型的模型 (7.1)，调整后 R^2 为 0.210，F 统计量为 249.727。可见，模型整体上都是显著的。t 统计量显示，在 5% 显著性水平下，选择的人口特征变量、养老保险变量、消费波动及交互乘积项对家庭人均生活支出的影响多数是显著的。

表 7.33　　　模型（7.1）基于微观面板数据的估计结果

解释变量	OLS 估计	GMM 估计	OLS 估计	GMM 估计
cons	8 508.262 ***	9 055.396 ***	8 467.670 ***	9 089.914 ***
	(6.122)	(5.533)	(6.092)	(5.660)
pc_ i	0.121 ***	0.182	0.122 ***	0.185
	(12.005)	(1.254)	(12.168)	(1.283)
pc_ c（-1）	0.157 ***	0.186 ***	0.157 ***	0.185 ***
	(15.074)	(5.320)	(15.094)	(5.241)
$\{D[\log(pc\_c)]\}^2$	10 849.180 ***	10 758.290 ***	10 850.480 ***	10 758.240 ***
	(20.888)	(15.479)	(20.889)	(15.475)
D（pc_ i）	-0.038 ***	-0.093	-0.039 ***	-0.095
	(-4.462)	(-0.946)	(-4.529)	(-0.969)
olderly_ p	407.370	171.101		
	(1.019)	(0.243)		
work_ gov			-811.688	-1 520.125
			(-0.340)	(-0.578)
work_ company			-640.295	-1 917.510
			(-0.328)	(-0.860)
age	5.399	-17.190	7.216	-17.224
	(0.272)	(-0.736)	(0.366)	(-0.735)
hukou	3 858.915 ***	3 172.202 **	4 054.865 ***	3 225.853 *
	(8.142)	(2.207)	(9.404)	(1.915)
hhsize	-1 163.097 ***	-1 132.969 ***	-1 170.700 ***	-1 136.115 ***
	(-11.582)	(-9.471)	(-11.679)	(-9.337)

续表

解释变量	OLS 估计	GMM 估计	OLS 估计	GMM 估计
edu	213. 493 ***	161. 655 *	218. 791 ***	164. 522 *
	(5. 116)	(1. 932)	(5. 264)	(1. 869)
age × $\{D[\log(pc\_c)]\}^2$	− 128. 058 ***	− 118. 307 ***	− 128. 093 ***	− 118. 296 ***
	(− 16. 072)	(− 10. 521)	(− 16. 075)	(− 10. 510)
$\bar{R}^2$	0. 211	0. 225	0. 210	0. 225
F 统计量	274. 830 ***		249. 727 ***	
J 统计量		0. 027		0. 025
工具变量秩		12		13
P 值（J 统计量）		0. 868		0. 875

7.2.3 模型检验

1. 内生性检验

对于微观调查数据（特别是家庭收入等数据），更容易存在测量误差，该问题对模型估计有着重要影响。以一元线性回归模型为例：

$$y_i = \beta_1 + \beta_2 x_i^* + u_i \tag{7.2}$$

其中，x_i^* 是真实值。假如观测到的不是 x_i^*，而是 x_i：

$$x_i = x_i^* + v_i \tag{7.3}$$

则模型（7.2）为：

$$y_i = \beta_1 + \beta_2 x_i + u_i + \beta v_i = \beta_1 + \beta_2 x_i + w_i \tag{7.4}$$

对模型（7.4）实施 OLS 估计，则估计量为：

$$\hat{\beta}_2 = \frac{\sum (x_i - \bar{x})(y_i - \bar{y})}{\sum (x_i - \bar{x})^2}$$

$$= \frac{\sum \left[(x_i^* - \bar{x}^*) + (v_i - \bar{v}) \right] \left[\beta_2 (x_i^* - \bar{x}^*) + (u_i - \bar{u}) \right]}{\sum \left[(x_i^* - \bar{x}^*) + (v_i - \bar{v}) \right]^2}$$

$$\tag{7.5}$$

若 $E(u) = E(v) = 0$，且 $\mathrm{cov}(u,v) = 0$，则有：

$$p \lim \hat{\beta} = \beta \left[1/(1 + \sigma_v^2 / \sigma_{x^*}^2) \right] \tag{7.6}$$

其中，σ_v^2 和 $\sigma_{x^*}^2$ 分别表示 v 和 x_i^* 的方差，$p \lim \hat{\beta}$ 为 β 的概率极限。

可见，解释变量存在测量误差时，OLS 估计量将是有偏、非一致的，而且会低估真实值 β。因此，有必要检验模型（7.1）是否存在测量误差问题。

关于测量误差的存在与否，仍然采用 Hausman 检验方法。对于可能存在测量误差的家庭人均收入变量，选择户口类型、父母教育程度及父母健在人数等作为工具变量。将家庭人均收入变量对选择的工具变量及模型（7.1）的外生变量进行回归，并获得残差 pc_ ir。将残差 pc_ ir 加入模型（7.1），进行 OLS 估计，结果见表 7.34。可见，残差 pc_ ir 系数的 t 值，明显小于 5% 显著性水平下的临界值，则无法拒绝模型（7.1）不存在测量误差的假定。

表 7.34 模型（7.1）测量误差 Hausman 检验

解释变量	OLS 估计	OLS 估计
cons	9 534.095 ***	10 814.420 ***
	(6.008)	(6.833)
pc_ ir	0.105 ***	− 0.090 ***
	(9.627)	(− 6.543)
pc_ c (−1)	0.227 ***	0.243 ***
	(18.360)	(18.955)
$\{D [\log (pc\_ c)]\}^2$	10 759.300 ***	9 083.358 ***
	(15.526)	(12.988)
D (pc_ i)	0.030 ***	0.082 ***
	(5.280)	(8.388)

续表

解释变量	OLS 估计	OLS 估计
olderly_ p	859. 074 * (1. 950)	
work_ gov		443. 655 (0. 153)
work_ company		− 349. 830 (− 0. 167)
age	− 17. 883 (− 0. 768)	− 38. 332 * (− 1. 656)
hukou	4 853. 152 *** (9. 380)	6 506. 705 *** (13. 342)
hhsize	− 1 180. 728 *** (− 10. 443)	− 1 237. 667 *** (− 10. 967)
edu	249. 797 *** (5. 523)	317. 609 *** (6. 991)
age × $\{D [\log (pc\_ c)]\}^2$	− 119. 374 *** (− 10. 678)	− 86. 172 *** (− 7. 561)
$\bar{R}^2$	0. 229	0. 239
F 统计量	248. 497 ***	232. 992 ***

测量误差本质上还是解释变量内生性问题。由表 7.33 可知，对包含养老依赖和工作单位类型的两个模型分别实施 GMM 估计，Sargan 统计量①对应的 P 值分别为 0. 131 和 0. 125。因此，有理由认为所有的工具变量都是外生的。然而 Hausman 检验拒绝模型 (7.1) 不存在测量误差的假定，说明 GMM 回归与 OLS 回归显著不同，原来的模型确实有内生性问题导致的估计偏误。

① Sargan 统计量服从卡方分布，自由度为工具变量秩减去解释变量个数，pchisq (0. 027, 13 − 12) =0. 131, pchisq (0. 025, 14 − 13) =0. 126。

2. 冗余变量检验

为了验证选择的人口特征变量、养老保险变量及交互乘积项是否显著改进了模型，本书采用冗余变量检验方法。由表 7.35 可知，人口特征变量、习惯形成、预防性储蓄、流动性约束及交互乘积项对应的 F 统计量和 χ^2 统计量都显著大于 5% 置信水平下的临界值。因此，这些变量都不是冗余变量，显著提高了模型的拟合效果。

表 7.35　　　　模型（7.1）冗余变量检验

情形	检验变量	F 检验		LR 检验	
		F 统计量	Prob.	χ^2 统计量	Prob.
模型中含养老依赖	pc_ c（-1）	227.239***	0.000	224.998***	0.000
	$\{D[\log(pc\_c)]\}^2$	436.312***	0.000	427.743***	0.000
	olderly_ p	15.409***	0.000	15.416***	0.000
	人口特征变量	55.318***	0.000	164.803***	0.000
	交互项	258.297***	0.000	255.371***	0.000
模型中含工作类型	pc_ c（-1）	227.838***	0.000	225.607***	0.000
	$\{D[\log(pc\_c)]\}^2$	436.333***	0.000	427.804***	0.000
	养老保险	0.111	0.895	0.222	0.895
	人口特征变量	57.184***	0.000	170.331***	0.000
	交互项	258.392***	0.000	255.489***	0.000

3. 异方差检验

对于微观调查数据，还有一个更容易出现的问题，即异方差问题。如果模型（7.1）存在异方差问题，则 OLS 估计量不再具有有效性，t 统计量和 F 统计量不再服从 t 分布和 F 分布，即表 7.33 中的 t 检验和 F 检验不再有效。

检验模型异方差问题，较常用的方法是怀特（White）检验。怀特（White，1980）认为若模型同方差的话，残差平方序列与解释变量、解释变量平方项及解释变量交互乘积项都不相关。因此，怀特检验的一般实施方法是，将模型 OLS 估计残差平方序列对解释变量、解释变量平方项及解释变量交互乘积项进行回归分析，并检验模型的整体显著性。当模型中存在较多解释变量时，该方法将用掉很多自由度。此时更节省自由度的方法是将 OLS 估计残差平方序列对拟合值、拟合值平方序列进行回归，并检验模型的整体显著性（Wooldridge，2007）。由表 7.36 可知，模型（7.1）OLS 估计残差平方序列对家庭人均生活支出拟合值及平方项的回归模型整体上是显著的，F 值分别为 317.747 和 318.196，明显远大于 5% 显著性水平下的临界值。

表 7.36   模型（7.1）异方差检验

项目	养老依赖模型	工作类型模型
cons	$-3.37E+08$ ***	$-3.38E+08$ ***
	（-4.987）	（-4.999）
拟合值	27 679.89 ***	27 768.19 ***
	（4.527）	（4.542）
拟合值平方	0.913 ***	0.912 ***
	（9.573）	（9.572）
$\bar{R}^2$	0.058	0.058
F 统计量	317.747 ***	318.196 ***

对于异方差模型的修正，一般采用加权最小二乘法（weighted least squares，WLS）。由于模型（7.1）中包含了太多的解释变量，使异方差的确切形式并不明显。因此，分别采用稳健最小二乘法（robust least squares）和广义最小二乘法（generalized least squares）估计，在实施 GMM 估计时考虑个体间存在差异，估计结果见表 7.37。可见，不管是利用异方差稳健标准误对回归系数进行 t 检验，还是采用广义最小二乘方法处理异方差问题，对于包含养老依赖的模型，在 5% 的显著性水平下，选择的人口特征变量、养老保险变量及交互乘积项对居民消费支出水平都有显著影响；对于包含

工作单位类型的模型，在5%的显著性水平下，工作单位类型对居民消费支出水平也有显著影响。

表7.37　模型（7.1）的 OLS-robust 和 GMM-gls 估计结果

解释变量	OLS-robust	GMM-gls	OLS-robust	GMM-gls
cons	10 272.720 ***	8 971.539 ***	10 217.620 ***	9 027.241 ***
	（19.528）	（102.226）	（19.424）	（147.525）
pc_ i	0.163 ***	0.181 ***	0.162 ***	0.182 ***
	（42.846）	（83.868）	（42.762）	（25.101）
pc_ c（-1）	0.203 ***	0.187 ***	0.203 ***	0.187 ***
	（51.412）	（398.881）	（51.591）	（151.177）
$\{D[\log(pc\_c)]\}^2$	2 070.145 ***	10 876.100 ***	2 095.433 ***	10 752.850 ***
	（10.530）	（155.333）	（10.659）	（130.575）
D（pc_ i）	-0.043 ***	-0.093 ***	-0.044 ***	-0.092 ***
	（-13.312）	（-44.663）	（-13.618）	（-22.351）
olderly_ p	19.420	157.554 ***		
	（0.128）	（8.840）		
work_ gov			2 481.766 ***	-1 219.150 ***
			（2.746）	（-3.160）
work_ company			660.748	-1 519.738 ***
			（0.894）	（-2.840）
age	-46.562 ***	-16.627 ***	-45.760 ***	-16.488 ***
	（-6.202）	（-10.659）	（-6.126）	（-19.862）
hukou	870.568 ***	3 179.502 ***	894.933 ***	3 240.490 ***
	（4.853）	（349.531）	（5.484）	（77.849）
hhsize	-698.515 ***	-1122.189 ***	-698.309 ***	-1 133.221 ***
	（-18.376）	（-251.873）	（-18.408）	（-186.220）
edu	68.741 ***	160.385 ***	67.986 ***	163.201 ***
	（4.352）	（45.670）	（4.322）	（32.473）

续表

解释变量	OLS-robust	GMM-gls	OLS-robust	GMM-gls
age * $\{D\,[\log\,(pc\_\,c)]\}^2$	-29.665 *** (-9.836)	-120.167 *** (-102.512)	-30.032 *** (-9.958)	-118.137 *** (-91.901)
$\bar{R}^2$	0.121	0.999	0.121	0.998
Rn-squared	9 021.490 ***		8 985.908 ***	
J 统计量		3.371		0.109
工具变量秩		12		13
P 值（J 统计量）		0.067		0.742

7.3 估计结果的经济含义

7.3.1 解释变量偏效应计算

由于模型（7.1）中包含了交互乘积项，使参数估计值并不能有效反映各个解释变量对家庭人均消费支出的影响，同样有必要计算各个解释变量的偏效应。根据 GMM-gls 估计结果，可计算模型（7.1）中各个解释变量对家庭人均消费支出的偏效应，见表 7.38 和表 7.39。

表 7.38 模型（7.1）包含养老依靠时主要解释变量偏效应

解释变量	系数	均值	偏效应
pc_ i	0.181	12 426.170	0.181
pc_ c（-1）	0.187	11 345.860	0.187
$\{D\,[\log\,(pc\_\,c)]\}^2$	10 876.100	1.059	3 709.917
D（pc_ i）	-0.093	2 025.762	-0.093
oldrely_ p	157.554	0.199	157.554
age	-16.627	59.635	-143.884

续表

解释变量	系数	均值	偏效应
hukou	3 179.502	0.213	3 179.502
hhsize	-1 122.189	3.251	-1 122.189
edu	160.385	5.474	160.385

表 7.39 模型 (7.1) 包含工作单位类型时主要解释变量偏效应

解释变量	系数	均值	偏效应
pc_ i	0.182	12 426.170	0.182
pc_ c (-1)	0.187	11 345.860	0.187
$\{D\,[\log\,(pc\_\,c)]\}^2$	10 752.850	1.059	3 707.726
D (pc_ i)	-0.092	2 025.762	-0.092
work_ gov	-1 219.150	0.026	-1 219.150
work_ company	-1 519.738	0.038	-1 519.738
age	-16.488	59.635	-141.596
hukou	3 240.490	0.213	3 240.490
hhsize	-1 133.221	3.251	-1 133.221
edu	163.201	5.474	163.201

7.3.2 估计结果的经济含义

根据表 7.38 和表 7.39，除养老依赖和工作单位类型变量外，两个模型中共性变量的回归系数差别都比较小，进一步表明模型构建的稳定性和合理性，可得到如下主要结论：

（1）家庭收入与家庭生活支出正相关。如果模型中包含养老依靠变量，则家庭人均收入对家庭人均生活支出的偏效应为 0.181。如果模型中包含工作单位类型变量，则家庭人均收入对家庭人均生活支出的偏效应为 0.182。若考虑长期效应，对于包含养老依靠和工作单位类型变量的两个模型，可计算家庭人均收入对家庭生活支出的长期影响乘数分别为 0.223 和 0.224。多渠道促进居民增收，能够切实提高消费能力。

（2）微观调查数据依然支持习惯形成和预防性储蓄理论。家庭人均生活支出滞后一期的回归系数在包含养老依靠和工作单位类型两种情况下的估计结果都为 0.187，且显著异于 0，表明消费支出受习惯支配。家庭人均生活支出增长率的平方序列与家庭生活支出正相关，两种情况下回归系数分别为 10 876.1 和 10 752.85，偏效应分别为 3 709.917 和 3 707.726，则有理由认为家庭人均生活支出在一定程度上受预防性储蓄动机的影响。面对未来消费、收入的不确定性，消费者必然减少当前消费。若不考虑不确定性的影响，消费者可以根据跨期约束平滑消费支出。因此，受预防性储蓄动机的影响，消费增长趋势更加明显。

（3）家庭人均收入差分变量与家庭生活支出负相关。在包含养老依靠和工作单位类型两种情况下，家庭人均收入差分变量的回归系数分别为 -0.093 和 -0.092。泽兹（1989）认为可支配收入的增加将使流动性放松，即流动性约束为收入的负函数。因此，家庭人均收入差分变量与家庭生活支出负相关，也可以理解为流动性约束影响家庭生活支出。

（4）养老保险对家庭生活支出有显著影响。其中，在其他条件相同情况下，老了、干不动工作时依靠养老金、退休金养老的居民的家庭生活支出要比其他人群平均高出 157.554 元；企业、政府事业单位工作人员的家庭生活支出要比其他人群分别平均低于 1 219.15 元和 1 519.738 元。值得注意的是，由表 7.29 至表 7.32 可知，企业、政府事业单位工作人员的家庭生活支出明显高于其他人群，他们也是基本养老保险的参保主体，但控制收入、人口特征等变量时，家庭生活支出平均低于其他人群，这主要原因是高收入群体的边际消费倾向较低。若仅比较企业工作人员和政府事业单位工作人员，政府事业单位工作人员的生活支出水平还要低于企业工作人员，这与政府事业单位部分工作人员存在隐形福利不无关系。

（5）年龄、户口及家庭人口规模等人口特征变量对家庭生活支出有显著影响。在其他条件相同情况下，年龄越大，家庭人均生活支出水平越低；非农业户口家庭人均生活支出水平高于农业户口家庭；家庭人口数越多，家庭人均生活支出水平越低；教育水平越高，家庭人均生活支出水平越高。由于样本人群基本上都为中老年人，因此，年龄与家庭人口数对家庭人均生活支出的影响与泽兹（1989）的研究结论基本相符，可见老龄化问题一定程度上抑制了居民消费支出。

7.4　小结

本章基于中国健康与养老追踪调查数据（CHARLS）对构建的消费理论模型从微观角度进行实证研究，经过异方差检验、内生性检验等，最终证实预防性储蓄、习惯形成、流动性约束、人口特征和养老保险同样影响家庭生活支出。对于养老保险影响居民消费问题，本章构建养老依靠、工作单位类型等虚拟变量，证实依靠养老金、退休金养老的居民的家庭生活支出水平高于其他人群；企业、政府事业单位工作人员的家庭生活支出水平高于其他人群。因此，微观数据实证结果同样支撑消费理论模型及养老保险显著影响居民消费这一重要结论。

第8章　研究结论、政策建议和展望

本书最终的目的在于深层次研究我国居民的消费行为和储蓄动机，寻求扩大居民消费需求行之有效的办法。本章对前面的主要研究结论进行概括性总结，基于研究结论提出有利于扩大居民消费需求的针对性措施，最后总结研究存在的不足及后期研究展望。

8.1　主要研究结论

8.1.1　构建消费决定模型需综合考虑多方面因素

不管是宏观面板数据还是微观追踪调查数据，都在一定程度上验证了消费决定模型的合理性。研究我国居民消费支出，需综合考虑预防性储蓄、内外部习惯形成及流动性约束等较为前沿的消费理论。其中，消费习惯和预防性储蓄动机使居民消费水平比可支配收入更加平滑，而流动性约束和短视行为使居民消费又呈现一定的易变性。过度平滑和过度敏感的共同作用，使我国居民消费紧跟可支配收入，但步调又不完全一致。

8.1.2 收入增长是扩大居民消费的主要驱动力

收入增长是我国城镇居民消费扩张的主要驱动力。由省际面板数据回归结果可知，在其他变量不变情况下，可支配收入每增长1%，我国城镇居民消费支出平均增长0.188%。由微观调查数据回归结果可知，在其他变量不变情况下，收入水平每增加1元，长期来看居民生活支出平均增加0.22~0.23元。收入增长为居民消费提供了保障，如果没有收入增长，扩大消费就成了无源之水。

8.1.3 人口特征变量是影响居民消费的重要因素

人口出生率、人口增长率及人口年龄结构等人口特征变量不仅影响居民的边际消费效用，还影响经济增长及居民对未来的不确定性预期。由省际面板数据回归结果可知，人口出生率下降和老龄化程度上升，迫使家庭增加对子女的教育支出和对老人的医疗支出，因而一定程度上拉动了居民消费；人口增长率的持续下降，降低了居民教育支出的预期，增加了居民的养老担忧和预防性储蓄动机，一定程度上又拉动了居民消费。由微观调查数据回归结果可知，年龄越大，家庭人均生活支出水平越低；教育程度越高，家庭人均生活支出水平越高；家庭人口数越多，家庭人均生活支出水平越低。人口老龄化是近年来我国居民储蓄意愿增强的主要原因之一。

8.1.4 养老保险制度对居民消费的影响路径较为复杂

养老保险制度对我国城镇居民消费的影响较为复杂。由省际面板数据回归结果可知，基本养老保险制度实施以来，覆盖率不断上升，而替代率持续下降，二者的反向发展使养老保险对消费的拉动作用出现一定程度上的内部抵消。这使养老保险对我国城镇居民消费的影响效应，最终由养老保险贡献率来体现。而养老保险缴费比例是固定的，贡献率的差异就必然体现了各地区财政补贴的差异。

因此，增加政府财政补贴有助于加强养老保险对居民消费的拉动效应。微观调查数据的回归结果同样认为养老保险有助于扩大居民消费：依靠养老金、退休金养老人群的家庭生活支出水平高于其他人群，企业、政府事业单位工作人员的家庭生活支出水平也高于其他人群。

8.2 政策建议

8.2.1 健全收入增长机制

提高居民收入水平，不仅从源头上解决消费需求不足的问题，还有利于缓解流动性约束的影响，减少居民对收入不确定性的预期。

1. 发挥市场机制，减少政府对市场主体的干预

提高居民收入水平，当务之急是完善市场机制，发挥市场在资源配置中的作用，让市场在所有能够发挥作用的领域都充分发挥作用，让企业和个人有更多活力和更大空间去发展经济、创造财富。同时，形成要素价格的市场机制，使劳动力等要素价格得到合理体现，以保证劳动报酬的增长能够与劳动生产率的提高同步，城乡居民人均收入实际增长与经济增长同步。

2. 发挥政府调控职能，深化收入分配改革

中低收入者比高收入者有更高的边际消费倾向。因此，扩大居民消费需求关键在于提高居民收入水平，特别是中低收入群体的收入水平。因而，在增收过程中，还需进一步发挥政府调控职能：

（1）加强对工资分配的调节和指导。首先，建立工资支付保障机制，健全工资支付保障金、欠薪应急周转金等制度，保障职工的合法权益。其次，完善工资指导线制度，根据经济发展、物价变动

等因素，适时提高最低工资标准。积极稳妥推行工资集体协商和行业性、区域性工资集体协商制度。

（2）加大税收调节力度。改革个人所得税，完善财产税，应创造条件让更多群众拥有财产性收入；推进结构性减税，减轻中低收入者和小型微型企业税费负担，形成有利于结构优化、社会公平的税收制度。

（3）建立健全覆盖城乡的社会保障体系。不断完善社会保险、社会救助和社会福利制度，稳步提高保障水平。同时，加大对教育、就业、社会保障、医疗卫生、保障性住房等方面的支出，以降低居民对支出不确定性的预期。

3. 实施积极就业政策，拓宽就业渠道

坚持实施更加积极的就业政策，拓宽就业、择业、创业渠道，创造更多的就业机会。一方面，大力支持服务业、劳动密集型企业、小型微型企业和创新型科技企业发展，创造更多就业岗位。另一方面，完善和落实小额担保贷款、财政贴息等鼓励自主创业的政策。同时，健全面向全体劳动者的职业培训制度，提升劳动者获取收入的能力，实现更高质量的就业。

8.2.2   完善养老保险制度

养老保险对居民消费的影响是复杂的，制定科学、公平的养老保险制度，测算合理的养老保险制度参数，保证充沛的资金运营，都将有利于扩大居民消费。

1. 合理计算养老保险制度参数

养老保险参数，主要包括养老金贡献率、养老金替代率和退休年龄等。设计周全的养老保险制度，至少需考虑以下几个方面：（1）覆盖范围广；（2）个人、企业支付得起；（3）促进经济可持续发展；（4）抵挡住宏观经济波动、老龄化等冲击；（5）支付合理的退休费用；（6）体现公平等。目前我国的养老保险参数不仅设计原理不透明，而且呈现高缴费、低替代率、大缺口的反常现象。因此，完善养老保险制度，不能简单地采用商业寿险精算模型，而应在充分考虑收入增长、通货膨胀、预期寿命及居民消费行为等众多因素前提下合理计算养老保险制度参数。

2. 推进基本养老保险全国统筹

目前，我国养老金基本实现了省级统筹，统筹单位内各自为政，一方面使资金管理分散，运营效率不高，保值增值的压力大；另一方面，使地区经济发展不平衡带来的养老金盈余差异无法在地区间横向调剂，调节能力差。因此，有必要推进基本养老保险全国统筹和集中管理，以增强各地区基金统筹的平衡性、科学性。推行养老保险全国统筹，应首先解决以下三个问题：

（1）目前的养老金空账问题。巨额的养老金空账，更多是制度变迁和各级政府长期挪用的结果。因此，各级政府应明确投入比例，用财政资金做实个人账户资金缺口。

（2）统筹内容的界定问题。狭义养老保险全国统筹，不仅包括养老金的集中管理、统一运营，还包括养老保险制度和参数的统一。由于地区发展差异比较大，统一缴费比例、养老金替代率等参数，将增加低收入地区的企业负担，产生新的不公平。因此，推进养老保险全国统筹，应重视管理的统筹，而非参数的统筹。

（3）防范各地区养老保险金缴付的道德风险问题。中国社会科学院的郑秉文（2008）认为，在经济发展不平衡的二元经济条件下，统筹层次越高，道德风险也越大[①]。因此，政府应出台相关的法律法规，明确各级政府责任，加强对养老金收缴和支付的管理和监控。

3. 扩大养老保险资金来源渠道

扩大养老保险资金来源渠道是防范养老金支付危机、提高抵御

---

① 余晨. 养老保险关系拟随本人转移［EB/OL］.［2008 – 12 – 23］. http：//www. npc. gov. cn/zgrdw/npc/xinwen/lfgz/2008 – 12/23/content_ 1463610. htm.

风险能力的有效有段，应主要从以下几个方面着手：

（1）政府应加大对养老保障的资金投入。各国的养老金都是由国家、企业和个人三方面合理负担，我国企业和个人的缴费率都很明确，而国家的责任却不明确。各级政府应加大对养老保障的资金投入，明确投入比例，保证制度运行的可持续性，而不能因"拆东墙补西墙"形成"庞氏骗局"。

（2）稳妥推进基本养老保险基金投资运营。完善养老保险基金投资运营制度，选择透明度高、运作规范的专业投资管理机构，适当拓宽投资渠道，为养老金的安全运营和保值增值提供保障。另外，政府还可以通过发行专项债券、划拨国有资产、划转土地出让金、扩大彩票发行等渠道筹措资金，使养老基金规模不断扩大。

8.2.3 调整人口发展政策

人口特征变量是影响居民消费的主要因素。老龄化进程的逐步加快，不仅将增加经济增长率的下行压力，还会降低全社会边际消费倾向、增加不确定性预期，进而抑制居民消费。

（1）多举措提高人口生育水平。目前，我国已全面放开二胎生育政策，虽然短期来看提高生育率难以有效遏制人口增长率下降趋势，但从长远看，它能够修复人口年龄结构变动特别是老龄化对扩大内需的负面影响。减轻生育养育压力是保障生育政策顺利施行的必要条件，应重点推进以下工作：一是重塑社会婚育文化，加强适婚青年婚恋观、家庭观教育引导，营造适龄婚育和生育友好型的社会文化氛围；二是出台《妇女权益保障条例》，规定用人单位不得因结婚、怀孕、生育、哺乳等情形，降低女职工的工资福利待遇，单方解除与女职工的劳动（聘用）合同。

（2）优先发展教育事业。首先，推进教育公平与优质教育资源供给，降低家庭教育开支。其次，加大教育投入，提升全社会教育水平的同时，也降低家庭的教育负担，进而降低居民对支出不确定性的预期。最后，扩大义务教育范围，大力发展职业教育、老年教育，为国民提供更多的受教育机会。

（3）全面推进全民健康工程。一方面，加大医疗卫生投入，稳步提高基本公共卫生服务项目和城乡居民健康体检的经费标准，逐步将社会关注、群众关心的公共卫生任务纳入实施范围，提高基本公共卫生服务均等化水平和城乡居民公共卫生服务共享水平。另一方面，加快发展健康服务产业，完善健康服务产业行业标准和执业规范，大力发展与健康相关的服务产业，构建健康服务产业链和产业体系。鼓励社会资本大力发展健康服务产业，加强健康管理、养生保健、健康文化、老年护理、康复医疗、心理咨询等特色服务产业，满足群众多层次服务需求。

8.3　展望

养老保险影响居民消费问题是一个既复杂又具有重大研究价值的课题。本书在理论分析和实证方法上有所创新，但仍然存有不足之处：

（1）一般均衡模型设计还比较简单。居民消费、养老保险、人口特征变量和经济增长理论上存在两两相互影响的复杂关系。本书构建的联立系统仅考虑消费决定模型和社会资本决定模型，简化分析问题，也易于实证处理，但还不足以反映经济变量之间的复杂关系。

（2）微观数据处理存在问题。对于 CHARLS 追踪调查数据，家庭财富、家庭收入和生活支出中的缺失值都按 0 处理。该处理技术虽然避免大量样本的损失，但也带来了数据测量误差和模型设定误差问题。

（3）忽视基本养老保险缴费比例调整问题。近年来，我国实施阶段性降低社保费率政策以减轻企业负担，基本养老保险单位缴费比例逐步下调，2019 年 5 月以后多数省份单位缴费比例已降至16%。受数据限制，降低单位缴费比例对居民消费影响程度如何没有开展相应的论证。

此外，还有一些问题值得深入研究，如生命周期赤字问题、合理退休年龄问题、养老保险财务可持续性问题及养老保险合理参数设置问题等。本书的不足之处和衍生问题，都将成为后期进一步研究的课题。

参考文献

［1］杰弗里·M. 伍德里奇. 计量经济学导论（第 4 版）［M］. 中国人民大学出版社，2010.

［2］戴维·罗默著，苏剑、罗涛译. 高级宏观经济学［M］. 商务印刷馆，1999.

［3］白重恩、吴斌珍、金烨. 中国养老保险缴费对消费和储蓄的影响［J］，中国社会科学，2012，（8）：48–71.

［4］杭斌. 流动性约束、不确定性与消费过度敏感［J］. 数量经济技术经济研究，2001，（12）：57–59.

［5］杭斌、申春兰. 潜在流动性约束与预防性储蓄［J］. 管理世界，2005，（9）：28–35.

［6］杭斌、申春兰. 习惯形成下的缓冲储备行为［J］. 数量经济技术经济研究，2008，（10）：142–152.

［7］杭斌、郭香俊. 基于习惯形成的预防性储蓄——中国城镇居民消费行为的实证分析［J］. 统计研究，2009，（3）：38–43.

［8］何立新、封进、佐藤宏. 养老保险改革对家庭储蓄率的影响：中国的经验证据［J］. 经济研究，2008，（10）：117–130.

［9］贾男、张亮亮、甘犁. 不确定性下农村家庭食品消费的"习惯形成"检验［J］. 经济学（季刊），2012，11（01）：327–348.

［10］蒋云赟. 我国养老保险度对国民储蓄挤出效应实证研究［J］. 财经研究，2010，36（3）：14–24.

[11] 金烨、李宏彬、吴斌珍．收入差距与社会地位寻求：一个高储蓄率的原因 [J]．经济学（季刊），2011，10（03）：887－912.

[12] 纪江明．转型期我国社会保障与居民消费的地区差异研究 [D]．上海：复旦大学，2011.

[13] 李勇辉、温娇秀．我国城镇居民预防性储蓄行为与支出的不确定性关系 [J]．管理世界，2005（5）：14－18.

[14] 刘金全．预防性储蓄动机的实证检验 [J]．数量经济技术经济研究，2003，（1）：108－111.

[15] 刘子兰、陈梦真．养老保险与居民消费关系研究进展 [J]．经济学动态，2010，102－105.

[16] 李伊、郭志广．经济转型期中国农村居民消费行为分析——基于微观面板数据 [J]．宏观经济研究，2013（04）：79－87.

[17] 彭浩然、申曙光．2007．现收现付制养老保险与经济增长：理论模型与中国经验 [J]．世界经济，（10）：67－75.

[18] 石阳、王满仓．现收现付制养老保险对储蓄的影响 [J]．数量经济技术经济研究，2010，（3）：96－106.

[19] 袁志刚、宋铮．人口年龄结构、养老保险制度与最优储蓄率 [J]．经济研究，2000，（11）：24－79.

[20] 袁冬梅、李春风、刘建江．城镇居民预防性储蓄动机的异质性及强度研究 [J]．管理科学学报，2014，17（07）：50－62.

[21] 易行健、王俊海和易君健．预防性储蓄动机强度的时序变化与地区差异——基于中国农村居民的实证研究 [J]．经济研究，2008，（2）：119－131.

[22] 杨再贵．城镇社会养老保险、人口出生率与内生增长 [J]．统计研究，2009，26（5）：77－81.

[23] 杨继军、张二震．人口年龄结构、养老保险制度转轨对居民储蓄率的影响 [J]．中国社会科学，2013，（8）：47－66.

[24] 杨天宇、王小婷．我国社会保障支出对居民消费行为的

影响研究〔J〕. 探索，2007（05）：63 – 66.

〔25〕张晓娣、石磊. OLG 框架下的中国养老保险与公共债务可持续性研究〔J〕. 南开经济研究，2014，（2）：136 – 152.

〔26〕闫新华. 基于习惯形成的中国居民消费行为研究〔D〕. 太原：山西财经大学，2010.

〔27〕洪轶男. 中国社会保障制度对城镇居民储蓄影响研究〔D〕. 沈阳：辽宁大学，2009.

〔28〕张继海. 社会保障对中国城镇居民消费和储蓄行为影响研究〔D〕. 济南：山东大学，2006.

〔29〕尹华北. 社会保障对中国农村居民消费影响研究〔D〕. 成都：西南财经大学，2011.

〔30〕Abel, Andrew B, Asset Prices under Habit Formation and Catching Up with the Joneses, American Economic Review, American Economic Association, 1990. Vol. 80（2），pp. 38 – 42.

〔31〕Abuaf, N. and Jorion, P. Purchasing Power Parity in the Long Run. The Journal of Finance, 1990, 45, 157 – 174.

〔32〕Aktug, E., T. U. Kuzubas & O. Torul. An Investigation of Labor Income Profiles in Turkey, Bogazici University Working Papers, 2017, No. 2017 – 04.

〔33〕Arrow K., Aspects of the Theory of Risk-Bearing. Helsink: Yrjö Jahnsson Foundation, 1965.

〔34〕Ando, A., Modigliani F., The Life Cycle Hypothesis of Saving: Aggregate Implications and Tests. The American Economic Review, 1963. Vol. 53, 55 – 84.

〔35〕Attanasio O. P., and Brugiavini A., Social Security and Households'Saving, The Quarterly Journal of Economics, Vol. 118, No. 3（Aug., 2003），pp. 1075 – 1119.

〔36〕Auerbach, A. J., Kotlikoff, L. J., An Examination of Em-

pirical Tests of Social Security and Savings. In Elhanan Helpman, ed.,
Social Policy Evaluation: An Economic Perspective. New York, Academic Press, 1983.

[37] Aydede. Y., Saving and Social Security Wealth: A Case of
Turkey. Networks Financial Institute Working Paper No. 2007 – WP – 03.

[38] Aydede. Y., Expected Social Security Wealth Simulations
and Generational Fairness of the Turkish Payg System. Networks Financial
Institute Working Paper No. 2007 – WP – 21.

[39] Aydede, Y., Aggregate Consumption Function and Public
Social Security: The First Time-Series Study for a Developing Country,
Turkey. Applied Economics, 2008, 40, 1807 – 1826.

[40] Aydede. Y., Parametric Social Security Reforms and Saving:
Evidence from Turkey. Topics in Middle Eastern and African Economies,
2011, Vol. 13.

[41] Barro, R., The Impact of Social Security on Private Saving:
Evidence from New the US Time Series, American Enterprise Institute,
AIE Studies, 1978.

[42] Barro, R., Social Security and Private Saving: Another
Look. Social Security Administration, Social Security Bulletin, 1979,
Vol. 42, pp. 36 – 32.

[43] Bernheim, B. D., Levin, L., Social Security and Personal
Saving: An Analysis of Expectations. The American Economic Review,
Vol. 79, No. 2, Papers and Proceedings of the Hundred and First Annual Meeting of the American Economic Association (May, 1989),
pp. 97 – 102.

[44] Bhuller, M., M. Mogstad & K. G. Salvanes. Life Cycle
Earnings, Education Premiums And Internal Rates Of Return, Journal
of Labor Economics, 2016, 35 (4): 993 – 1030.

［45］ Blake, D. , The Impact of Wealth on Consumption and Retirement Behaviour in the UK, Applied Financial Economics, 2004, 14, 555 – 576.

［46］ Blum C. H. , Gaudry J. I. The Impact of Social Security Contributions on Savings. An Analysis of German Households by Category. Jahrbuch für Sozialwissenschaft, Bd. 41, H. 2 (1990), pp. 217 – 242.

［47］ Borsch-Supan, A. , Life-Cycle Savings and Public Policy: A Cross-National Study of Six Countries. San Diego, CA: Academic Press, 2003.

［48］ Borjas, G. & J. Mincer. The Distribution of Earnings Profiles in Longitudinal Data, National Bureau of Economic Research Working Papers, 1976, No. 0143.

［49］ Boyle, P. and Murray, J. , Social Security and Private Saving in Canada. Canadian Journal of Economics, 1979, Vol. 10.

［50］ Blinder, A. S. , Gordon R. H. , and Wise D. E. , Social Security, Bequests, and the Life Cycle Theory of Saving: Cross-Sectional Tests. Determinants of National Savings and Wealth, edited by Franio Modigliani and Richard Hemming, International Economic Association, 1983.

［51］ Bosworth, B. , Burtless G. , The Effects of Social Security Reform on Saving, Investment, and the Level and Distribution of Worker Well-Being. 2000, from http: //www. brookings. edu/Views/Papers/Bosworth/crr2000. pdf

［52］ Briden G. , Zedella, J. , Social Security and Household Savings: Comment, The American Economic Review, Vol. 76, No. 1 (Mar. , 1986), pp. 286 – 288.

［53］ Carroll, C. D. and Kimball, M. S. , Liquidity Constraints and Precautionary Saving. NBER Working Paper, Vol. 59, No. 5, 1991.

［54］ Carroll, C. D. and Kimball, M. S. , On the Concavitity of the Consumption Function. Econometrica, Vol. 64, No. 4, 1996.

［55］ CBO memorandum, Social Security and Private Saving: A Review of the Empirical Evidence. Congressional Budget Office. Retrieved June 1, 2010, from http: //www. cbo. gov/doc. cfm? index = 731

［56］ Coates, D. and Humphreys, B. R. , Social Security and Saving: A Comment. National Tax Journal. 1999, Vol. 52, No. 2.

［57］ Cigno A. , Casolaro L. , and Rosati F. C. , The Role of Social Security in Household Decisions: VAR Estimates of Saving and Fertility Behaviour in Germany. CESifo Working Paper Series, 2000, No . 394.

［58］ Cigno A. , Casolaro L. , and Rosati F. C. , The Impact of Social Security on Saving and Fertility in Germany. FinanzArchiv/Public Finance Analysis, Vol. 59, No. 2 (2002/2003), pp. 189 – 211.

［59］ Crépon, B. , N. Deniau & S. Perez-Duarte. Wages, Productivity and Worker Characteristics: A French Perspective, Working Papers from Center for Research in Economics and Statistics, 2013, No. 2003 – 04.

［60］ Curme M. A. , Even W. E. , Pension Coverage and Borrowing Constraints. The Journal of Human Resources, Vol. 30, No. 4 (Autumn, 1995), pp. 701 – 712.

［61］ Dynan, K. E. , How Prudent Are Consumers? The Journal of Political Economy, Vol. 101, No. 6, 1993.

［62］ Darby, M. R. , The Impact of Social Security on Income and the Capital Stock. Washington: American Enterprise Institute, 1978.

［63］ Darby, M. R. , Social Security and Private Saving: Another Look. Social Security Bulletin, 1979, 42: 35 – 36.

［64］ Deaton, A. Life-Cycle Models of Consumption: Is the Evidence

Consistent with the Theory? NBER Working Paper, 1987, No. 1910.

[65] Engen, E. and Gale, W. Effects of Social Security Reform on Private and National Saving. Social Security Reform: Links to Saving, Investment and Growth, Federal Reserve Bank of Boston. 1997, June.

[66] Ehrlich I. , Zhong J. G. , Social security and the real Economy: An Inquiry into Some Neglected Issues. American Economic Review 88: 151 -157, 1998.

[67] Ehrlich I, Kim J. , Social security, Demographic trends, and Economic Growth: Theory and Evidence from the International Experience. Unpubl. Manuscript, 2003.

[68] Esposito Louis. Effect of Social Security On Saving: Review Of Studies Using U. S. Time-Series Data. Social Security Bulletin, May 1974. pp. 9 - 17.

[69] Evans O. , Social Security and Household Saving in the United States: A Re-Examination. Staff Papers-International Monetary Fund, Vol. 30, No. 3 (Sep. , 1983), pp. 601 -618.

[70] Evans P. , Consumer Behavior in the United States: plications for Social security Reform. Economic Inquiry, 2001, vol. 39, issue 4, pp. 568 -582.

[71] Feldstein, M. (1974), Social Security, Induced Retirement, and Aggregate Capital Accumulation. Journal of Political Economy. Vol. 82, No. 5. pp. 905 -926.

[72] Feldstein, M. , Social Security and Saving: The Extended Life Cycle Theory. Modern public Finance National Tax Journal. 1976, Vol. 66, No. 2.

[73] Feldstein, M. , Social Security and Distribution of Wealth. Journal of the American Statistical Association. 1976, Vol. 71 No. 356.

[74] Feldstein, M. , and Anthony P. , Social Security and House-

hold Wealth Accumulation: New Microeconometric Evidence. The Review of Economics and Statistics , 1979, Vol. 61, No. 3, pp. 361 – 368.

[75] Feldstein, M. , Social Security and Private Saving: Reply. Journal of Political Economy. 1982, Vol. 90, No. 3.

[76] Feldstein, M. , Social Security and Saving: New Time-Series Evidence. National Tax Journal. 1996, Vol. 49, No. 2. pp. 151 – 164.

[77] Frazis, H. et al. Results from the 1995 Survey of Employer-Provided Training, Monthly Labor Review , 1998, 121 (6): 3 – 13.

[78] Gullason, E. T. , Kolluri B. R. , and Pani M. J. , Social Security and Household Wealth Accumulation: Refined Microeconometric Evidence, The Review of Economics and Statistics, Vol. 75, No. 3 (Aug. , 1993), pp. 548 – 551.

[79] Heckman, J. A Life-Cycle Model of Earnings, Learning, and Consumption, Journal of Political Economy , 1976, 84 (4): S11 – S44.

[80] Hellerstein, J. K. , N. David and K. R. Troske. Wages, productivity and worker characteristics: evidence from plant level production function and wage equations, Journal of Labor Economics , 1999, 17 (3): 409 – 446.

[81] Homburg, S. , Coping with Rational Prodigals: A Theory of Social Security and Savings Subsidies. Economica, New Series, Vol. 73, No. 289 (Feb. , 2006), pp. 47 – 58.

[82] Hubbard, R. Glenn & Skinner, Jonathan & Zeldes, Stephen P, Precautionary Saving and Social Insurance, Journal of Political Economy, University of Chicago Press, 1995, Vol. 103 (2), pp. 360 – 399.

[83] Hubbard, R. Glenn & Kenneth L. Judd, Social Security and Individual Welfare: Precautionary Saving, Liquidity Constraints, and the Payroll Tax, the American economic review, 1987, Vol. 77,

No. 4, pp. 630 – 646.

[84] Hubbard. G, Jonathan Skinner, and Stephen P. Zeldes. , Precautionary Saving and Social Insurance, Journal of Political Economy. CIII, 1995, 360 – 399.

[85] İmrohoroğlu A. , İmrohoroğlu S. , and Joines D. H. , A Life Cycle Analysis of Social Security, Economic Theory, Vol. 6, No. 1, Symposium: The Discipline of Applied General Equilibrium (Jun. , 1995), pp. 83 – 114.

[86] Jie Zhang, Junsen Zhang. , How does social security affect economic growth? Evidence from cross-country data. Population Economics (2004) 17: 473 – 500.

[87] Juhn, C. , K. Murphy & B. Pierce. Wage Inequality and the Rise in Returns to Skill, Journal of Political Economy, 1993, 101 (3): 401 – 442.

[88] Katona, George, Private Pensions and Individual Saving, Survey Research Center, Institute for Social Research, University of Michigan, 1965.

[89] Kopits, George and Padma Gotur, The Influence of Social Security on Household Saving: A Cross-Country Investigation, International Monetary Fund Staff Papers, March 1980, pp. 161 – 190.

[90] Koskela, E. , Viren M. , Social Security and Household Saving in an International Cross Section, the American Economic Review, Vol. 73, No. 1 (Mar. , 1983), pp. 212 – 217.

[91] Kotlikoff, Lawrence J. , Testing the Theory of Social Security and Life Cycle Accumulation, American Economic Review, June 1979, pp. 396 – 410.

[92] Kimball M. S. , Precautionary Saving in the Small and in the Large. Econometrica, Vol. 58, No. 1, 1990.

[93] Kong, M. K., Lee, J. Y. and Lee. H. K., Precautionary Motive for Saving and Medical Expenses under Health Uncertainty: Evidence from Korea. Economics Letters, Vol. 100, No. 1, 2008.

[94] Kraft, H. & C. Munk. Optimal Housing, Consumption, and Investment Decisions over the Life Cycle, 2011, Management Science 57 (6): 1025 - 1041.

[95] Kurz, Mordecai., The Life-Cycle Hypothesis and the Effects of Social Security and Private Pen-sions on Family Saving (Technical Paper No. 335), Institute for Mathematical Studies in the Social Sciences, Stanford University, 1981.

[96] Lagakos, D. et al. Life Cycle Wage Growth across Countries, Journal of Political Economy, 2018, 126 (2): 797 - 849.

[97] Lee, M. L. and Chao S. W., Effects of Social Security on Personal Saving. Economic Letters. 1988, Vol. 28.

[98] Lee, J. J. and Sawada, Y., The degree of precautionary saving: a reexamination, Economics Letters, Vol. 96, No. 2, 2007.

[99] Lee, J. J. and Sawada, Y., Precautionary saving under liquidity constraints: evidence from rural Pakistan. Journal of Development Economics, Vol. 91, No. 1, 2010.

[100] Leland, H. E., Saving And Uncertainty: The Precautionary Demand For Saving. The Quarterly Journal of Economics, Vol. 82, No. 3, 1968.

[101] Leimer, D. R. and Lesnoy, S. D. Social Security and Private Saving: New Time Series Evidence. Journal of Political Economy. 1982, Vol. 90, No. 3. pp. 606 - 629

[102] Lesnoy, S. D. and Leimer, D. R., Social Security and Private Saving: theory and historical evidence. Social Security Bulletin, 1985, Vol. 48, No. 1. pp. 14 - 30.

[103] Leimer, D. R. and Richardson, D. H., Social Security, uncertainty adjustments, and the consumption decision, ORS working paper series NO. 40, 1989.

[104] Magnussen, K. A., Old-Age Pensions, Retirement Behavior and Personal Saving: A Discussion of the Literature. Statistics Norway, Social and Economic Studies, 1984.

[105] Manovskii, I. & G. Kambourov. Accounting for the Changing Life-Cycle Profile of Earnings, 2005 Meeting Papers, Society for Economic Dynamics, 2015, No. 231.

[106] Markowski, A. and Palmer, E., Social Insurance and Saving in Sweden. In von Furstenberg: Social Security versus Private Saving, Cambridge, Massachusets: Ballinger Publishing Company, 1979.

[107] Meguire, P. Comment: Social Security and Private Savings, National Tax Journal. 1998, No. 2.

[108] Merrigan, P. and Normandin, M., Precautionary Saving Motives: An Assessment from UK Time Series of Cross-Sections. Economic Journal, Royal Economic Society, vol. 106, 1996.

[109] Miller, B. L., The Effect on Optimal Consumption of Increased Uncertainty in Labor Income in the Multi-period Case, Journal of Economic Theory, Vol. 13, No. 1, 1976.

[110] Mincer, J. A. Schooling, Experience, and Earnings" Columbia University Press for the National Bureau of Economic Research, New York, 1974.

[111] Munnell, A., The Impact of Social security on Personal Savings. National Tax Journal. 1974, Vol. 27.

[112] Munnell, A., Private Pensions and Savings: New Evidence. Journal of Political Economy, Vol. 84, No. 5 (Oct., 1976),

pp. 1013 - 1032.

[113] Murphy, K. M. & F. Welch. Empirical Age-Earnings Profiles, Journal of Labor Economics , 1990, 8 (2): 202 - 229.

[114] Minchung Hsu, Health insurance and precautionary saving: A structural analysis, Review of Economic Dynamics, Vol. 16, Issue 3, 2013, pp. 511 - 526.

[115] Philip Meguire. , Comment: Social Security and Private Savings. national tax journal, 1998, Vol. 51, No. 2, pp. 339 - 358

[116] Philip Meguire: social security and personal saving: 1971 and beyond . Empirical Economics. 2003, 28: 115 - 139.

[117] Poterba, James M. , Personal Saving Behavior and Retirement Income Modelling: A Research Assessment. In Eric Hanushek and Nancy Maritato, eds. , Assessing Knowledge of Retirement Behavior, 1996, pp. 123 - 49. Washington, DC: National Academy Press.

[118] Poterba, James M. , Steven F. Venti, and David Wise. Targeted Retirement Saving and the Net Worth of Elderly Americans. The American Economic Review, 1994, Vol. 84 (May),pp. 180 - 85.

[119] Pratt J. W. , Risk Aversion in the Small and in the Large. Econometrica, Vol. 32, No. 1/2, 1964.

[120] Raut L. K. , Effect of Social Security on Fertility and Savings: An Overlapping Generations Model. Indian Economic Review, New Series, Vol. 27, No. 1 (January-June 1992), pp. 25 - 43.

[121] Samwick, A. , Is Pension Reform Conducive to Higher Saving? The Review of Economics and Statistics, Vol. 82, No. 2 (May, 2000), pp. 264 - 272.

[122] Sandmo, A. , The effect of uncertainty on savings decisions, Review of Economic Studies, Vol. 37, No. 3, 1970.

[123] Sandgren, S. Life Cycle Earnings and Wage Premiums,

Real Estate & Construction Management, 2010.

[124] Schröder J. , Social Security and the Macroeconomic Saving-Income Ratio. Weltwirtschaftliches Archiv, Bd. 119, H. 3 (1983), pp. 554 – 568

[125] Seidman L. S. , A General Equilibrium Critique of Feldstein's Social Security Estimate, Eastern Economic Journal, Vol. 11, No. 2 (Apr. -Jun. , 1985), pp. 101 – 105.

[126] Sibley, D. S. , Permanent and Transitory Effects of Optimal Consumption with Wage Income Uncertainty, Journal of Economic Theory, Vol. 11, No. 1, 1975.

[127] Tamborini, C. R. , C. Kim & A. Sakamoto. Education and Lifetime Earnings in the United States, 2015, Demography 52 (4): 1383 – 1407.

[128] Williamson, S. H. , Jones, W. L. , Computing the Impact of Social Security Using the Life Cycle Consumption Function. The American Economic Review, Vol. 73, No. 5 (Dec. , 1983), pp. 1036 – 1052.

[129] Zeldes, S. P. , Consumption and Liquidity Constraints: An Empirical Investigation. Journal of Political Economy, Vol. 97, No. 2, 1989.

[130] Zeldes, S. P. , Optimal Consumption with Stochastic Income: Deviations from Certainty Equivalence. The Quarterly Journal of Economics, Vol. 104, No. 2, 1989.